EDIÇÕES BESTBOLSO

Anna de Assis

Jeferson de Andrade nasceu em Paraguaçu, Minas Gerais. Morou no Rio de Janeiro, em São Paulo e desde 1996 reside em Belo Horizonte. Estreou publicando contos em revistas literárias na década de 1970. Nos anos seguintes dividiu-se entre os ofícios de escritor e editor. É autor dos livros *Anna de Assis: História de um trágico amor* e *Um jornal assassinado: A última batalha do Correio da Manhã*. Em 1990, o depoimento de Judith Ribeiro de Assis – filha de Anna e Dilermando de Assis, que deu origem a este livro – inspirou a minissérie *Desejo* da Rede Globo, com Vera Fischer, Tarcísio Meira e Guilherme Fontes nos papéis principais.

JUDITH RIBEIRO DE ASSIS
em depoimento a
JEFERSON DE ANDRADE

ANNA DE ASSIS

História de um trágico amor

EDIÇÕES
BestBolso
RIO DE JANEIRO – 2009

CIP-BRASIL. CATALOGAÇÃO-NA-FONTE
SINDICATO NACIONAL DOS EDITORES DE LIVROS, RJ

Andrade, Jeferson de, 1947-
A866a Anna de Assis: história de um trágico amor: Euclides da Cunha, Anna e Dilermando / Judith Ribeiro de Assis em depoimento a Jeferson de Andrade. – Rio de Janeiro: BestBolso, 2009.

ISBN 978-85-08-7799-183-9

1. Assis, Anna de, 1875-1951. 2. Cunha, Euclides da, 1866-1909. 3. Assis, Dilermando de, 1888-1951. I. Andrade, Jeferson de, 1947-. II. Título.

09-4514 CDD: 920.72
CDU 929:-055.2

Anna de Assis: História de um trágico amor, de autoria de Judith Ribeiro de Assis e Jeferson de Andrade.
Título número 139 das Edições BestBolso.
Primeira edição impressa em novembro de 2009.
Texto revisado conforme o Acordo Ortográfico da Língua Portuguesa.

www.edicoesbestbolso.com.br

Design de capa: Rafael Nobre

Rua Argentina 171 – 20921-380 – Rio de Janeiro, RJ – Tel.: 2585-2000.

Impresso no Brasil

ISBN 978-85-7799-183-9

Dedico este livro aos descendentes de Anna de Assis.
Quero deixar aqui consignado o meu repúdio
a tudo que já foi escrito sobre ela.
Anna de Assis foi uma mulher excepcional,
como amante, como esposa, como mãe.
Com muito respeito e admiração,
sua filha
Judith

O autor Jeferson de Andrade registra a
colaboração de Denise Mordenel na
revisão da obra quando inédita.

Sobre este livro

Meu nome registrado em cartório é Jeferson Ribeiro de Andrade. Judith é Ribeiro de Assis. Como foi casada com Andrade, por muitos é conhecida apenas como Judith de Andrade.

Tudo coincidência. Sou Ribeiro de Andrade, filho de Donato Leite de Andrade e Irene Ribeiro de Andrade, mineiros. Judith é gaúcha. Também Dilermando e Anna.

Quando constatamos, em nosso primeiro encontro, no ato da apresentação, o parentesco de nomes, escancarou-se a porta do entendimento. O acaso costuma unir corações. Já havia escrito, em minha novela *Um segredo de verão*, que muitas vezes julgo a vida tão tola, porque tantas vezes a felicidade depende de um imprevisto.

O encontro inicial se dava porque, no meu trabalho de editor de livros, obtive a indicação de que Judith desejava publicar revelações sobre a vida de sua mãe. Mas a obra não estava escrita.

As funções de editor cederam lugar à atividade de escritor. E durante três anos, após sucessivos encontros, várias horas de diálogo, pesquisas junto ao Arquivo do Ministério do Exército e à Biblioteca Nacional, surgiu o sonho de Judith: *Anna de Assis: História de um trágico amor*.

Depois dessa nova experiência em minha vida literária, posso dizer que escrever este livro foi como exercitar o dom de cantar em dueto. Creio que consegui fazer o texto exatamente no tom desejado por Judith. Como insisto em afirmar que escrevo de ouvido, exatamente como alguns músicos tocam seus instrumentos, esta obra, mais do que qualquer outra, foi assim executada. Tenho escrito meus contos e romances nos tons das próprias histórias, das próprias personagens.

O leitor perceberá que, em várias oportunidades, foi concedido grande espaço para transcrições de entrevistas e depoimentos de Dilermando de Assis. Isso se fez necessário por dois motivos. Primeiro: suas entrevistas e livros falam também, e constantemente, de Anna de Assis. Segundo: apesar de seus esclarecimentos divulgados pela imprensa e livros publicados, seus filhos e netos ainda deparam com notícias equivocadas e fatos deturpados todas as vezes em que se trata da morte de Euclides da Cunha.

Sobre Anna de Assis, o que tenho a dizer está na comunhão que existiu entre as revelações de Judith e o que procurei verter para uma linguagem literária. De nossa união, surgiu este livro. Minha admiração pela mulher Anna de Assis está nestas páginas. Meu desejo é passar isso ao leitor e à leitora. E cada um, após a leitura de *Anna de Assis: História de um trágico amor*, sentirá se o consegui.

A PRIMEIRA EDIÇÃO deste livro foi publicada em agosto de 1987. Foi um êxito de crítica e de público, permaneceu alguns meses nas listas de mais vendidos e teve seis edições sucessivas.

Alcançou plenamente seu principal objetivo, que é mostrar a personalidade e a vida da extraordinária mulher que foi Anna de Assis.

Em nenhum momento teve o intuito de depreciar a imagem de Euclides da Cunha, como julgaram os familiares do escritor, que moveram inclusive ação judicial contra os autores deste livro.

Qualquer homem pode ser o mais sábio do mundo, nem assim estará a salvo das fraquezas humanas, principalmente quando suas emoções se embaraçam nos mistérios do amor e do ódio.

Compreendo todas as atribulações familiares dos envolvidos em tragédias, porque também vítimas de tantos equívocos, muitas vezes provocados pelas paixões de fanáticos e de cegos que se confundem no emaranhado de suas pequenas batalhas e de suas pueris ilusões.

Após a publicação deste livro, outros surgiram tratando do drama vivido por Euclides, Anna e Dilermando. Ele deu origem ainda a uma minissérie para a televisão. Que cada um procure apresentar a sua versão, mas creio que basicamente posso reafirmar: não pode alguém se erguer e julgar Euclides, Anna e Dilermando. Apenas a palavra fatalidade pode cobrir a imagem dessas três pessoas e lhes servir de epitáfio.

Jeferson de Andrade

1
Um trem que chega é uma história que começa

Mulheres ansiosas esperam. Crianças assustadas observam. Homens calados estão atentos.

O trem se aproxima. Ele traz os últimos combatentes da Guerra do Paraguai. Na plataforma da estação, são mães e mulheres aflitas e saudosas que sonham com um abraço apertado; são pais que orgulhosos querem abençoar os filhos e crianças que curiosas desejam conhecer os pais, tantos anos ausentes.

A Guerra do Paraguai começou a 12 de novembro de 1864 e só terminou com a morte de Solano López, em 1º de março de 1870. Mas muitos militares brasileiros permaneceram nas fronteiras, e para estes a história da guerra só terminou algum tempo depois. Este é o caso do tenente Frederico Solon de Sampaio Ribeiro.

A Guerra do Paraguai começou para ele quando deixou a mulher, Túlia, grávida, e marchou com o seu regimento, em maio de 1864, para Santana do Livramento, na fronteira do Rio Grande do Sul com o Uruguai. Em outubro desse ano, dirigiu-se ao Quaraí Grande para fazer parte do exército em organização, sob o comando do general João Propício Menna Barreto e, em 25 de novembro, já com a guerra declarada, seguiu com a tropa para o Estado Oriental do Uruguai, aliado do Brasil no conflito contra o Paraguai. Frederico Solon transpôs a linha divisória entre a província do Rio Grande do Sul e o Uruguai em 2 de dezembro e, a 8 de janeiro de 1865, estava marchando em direção a Montevidéu, então ocupada pelas forças de Solano López. Desde os primeiros dias do mês de fevereiro, o tenente fez parte das forças sitiadoras de Montevidéu, até a sua capitulação no dia 20 do mesmo mês.

E a guerra foi de sete anos para Frederico Solon, condecorado com a Medalha de Mérito Militar, várias vezes elogiado pelo comportamento exemplar e promovido a capitão por ato de bravura praticado na batalha de 16 de agosto de 1869 nos campos de guerra.

O conflito terminou no primeiro semestre de 1870, mas a 6 de agosto ele embarcava em Assunção e desembarcava no dia seguinte em Humaitá, ainda em território do Paraguai, permanecendo aí por longo tempo. Somente foi desligado do 2º Regimento em Humaitá a 11 de maio de 1871, a fim de retirar-se para o Brasil.

O capitão Frederico Solon saiu para a guerra aos vinte e quatro anos de idade e retorna sete anos depois, muito mais velho que apenas sete anos, pois um homem na guerra sofre o suficiente para envelhecer além do tempo que se conta com o movimento do relógio.

O trem finalmente estaciona e há um ligeiro movimento entre as pessoas que esperam na plataforma. Elas se aproximam mais dos vagões como que impelidas pela ânsia de logo abraçar e afagar os seus entes queridos que regressam.

E logo aqueles homens fardados começam a desembarcar, todos impacientes para os abraços de reencontro. São gritos, exclamações, sorrisos e choros de alegria. É um movimento incessante e desorganizado, apressado, como se todos desejassem em alguns minutos viver alguns longos anos de saudades e ausência. E porque todos têm pressa, rapidamente se retiram, deixando a estação com aquela urgência de esquecer logo os momentos de aflitiva espera. Paulatinamente, cessam os alaridos, restam alguns que são mais lentos nos abraços ou aqueles que, ainda doentes, com as marcas de ferimentos e cicatrizes de guerra, se locomovem mais devagar, com gestos suaves que buscam evitar novas dores.

Afinal, cessa a confusão, diminui o movimento na plataforma e o capitão Frederico Solon não encontra ninguém a esperá-lo. Por trás de sua barba, negra e espessa, resta um rosto desiludido. A sua mulher, Túlia, não teria sido avisada do retorno? Algo haveria acontecido? Tantas vezes a comunicação entre eles esteve interrompida que provavelmente ela o imaginaria morto na guerra. Algum mal teria sucedido a ela e a seu filho, sem que ele o soubesse lá no interior longínquo do Paraguai?

Frederico Solon ainda tenta encontrar a esposa entre algumas poucas pessoas que circulam pela estação, mas não a vê. Caminha em direção à saída e exatamente em seu trajeto está uma mulher que dá a mão a uma criança, um menino.

Os olhos daquela mulher também perscrutam os vagões vazios, ela começa a caminhar, tentando encontrar lá dentro do trem o seu marido. A última notícia recebida é a de que ele regressaria naquele dia a Porto Alegre, pondo fim a sete anos de ausência e podendo finalmente conhecer o filho com seis anos de idade.

O capitão Solon está a alguns metros da mulher, e nem ele nem Túlia se reconhecem marido e mulher. Afinal, os movimentos de um e de outro despertam suas atenções, e Frederico olha para a mulher e o menino, imagina que é Túlia e o seu filho, aproxima-se e indaga:

– Túlia?

Ela responde:

– Frederico?

Aproximam-se, timidamente, como se dois desconhecidos estivessem prestes a se tocar. O capitão Frederico Solon de Sampaio Ribeiro chega da guerra para abraçar seu filho Albino e pela primeira vez ouvir alguém chamá-lo de pai.

O novo encontro de Frederico e Túlia, marido e mulher, tão diferentes, estranhos um para o outro, é como um segundo casamento. Ele partiu moço, um rosto limpo e alegre, voltou com a barba crescida, modificado, marcado pelas mortes da guerra. Ela ficou ainda uma menina-moça, grávida e radiosa, e ele a revê mulher, gorda, com as marcas da saudade e de sofrimentos numa fisionomia alterada.

Assim se deu o reencontro do capitão Frederico Solon e sua mulher Túlia, que viveram casados com outras temporárias separações impostas por algumas missões militares do marido. Mas nenhuma tão longa como essa, obrigada pela Guerra do Paraguai. Por isso mesmo, a filha Anna Emília, nascida em 18 de junho de 1875, na cidade de Jaguarão, no Rio Grande do Sul, diria aos filhos, no século seguinte, que tinha nascido depois da segunda lua de mel de seus pais, duradoura e feliz, iniciada a 14 de junho de 1871, quando o pai se apresentou em Porto Alegre, regressando da Guerra do Paraguai.

A menina nasceu e teve o nome escolhido segundo os estranhos desígnios de uma tradição da época: chamar a pessoa por um nome que revelasse uma significação ímpar e transcendente.

O nome Anna Emília significa rival da graça. Nessa escolha está a primeira ironia do destino com essa menina que iria crescer bela, tornar-se mulher culta e voluntariosa, determinando de forma implacável o destino de muitos que viveram em torno dela e transmitindo aos filhos e a outras gerações um sentimento de veneração.

Primeiro ela se chamou Anna Emília Ribeiro. Tornou-se Anna da Cunha quando se casou com Euclides da Cunha, a 10 de setembro de 1890.

Intimamente foi sempre S'Anninha.

Depois ela se casou com Dilermando de Assis e passou a se chamar Anna de Assis.

Este livro conta a vida de Anna de Assis.

2
A menina Anna Emília é mais bela que a República

Quando Anna Emília nasceu em Jaguarão, seu pai encontrava-se novamente ausente do lar. Estava em Porto Alegre, matriculado no curso de Cavalaria e Infantaria da Escola do Exército do Rio Grande do Sul.

A carreira militar de Frederico Solon é histórica, e ele figura nos compêndios escolares como major Solon Ribeiro, um dos proclamadores da República, em 15 de novembro de 1889.

Sua promoção a major ocorreu a 14 de julho de 1881 e provocou sua transferência do sul do país para a Corte, ao ser designado para o 1º Regimento da Cavalaria Ligeira, onde se apresentou a 26 de setembro.

O destino de Anna Emília se ligava à cidade do Rio de Janeiro. Ela chegou ungida pelo prestígio. O major Solon Ribeiro tinha convidado para padrinho de batismo da filha o grande amigo barão do Rio Branco. Esse padrinho poderoso se tornará seu protetor, auxiliando sempre o primeiro marido da afilhada.

Os três filhos do major seriam matriculados em escolas militares para seguir a mesma carreira do pai, e as duas moças estavam destinadas ao casamento, tudo conforme os padrões e costumes da época.

A mulher se casava quase menina e nem sempre o companheiro era escolhido por ela. Muitas se casavam seguindo as determinações do pai e segundo as vontades familiares. Sem dúvida, a menina se apaixonar por um homem e o escolhido coincidir com a preferência paterna era um lance de sorte, para alegria e felicidade dos apaixonados.

Não teve essa sorte a moça Alquimena. Seu eleito não satisfazia as vontades do austero militar Frederico Solon, que não cedeu aos rogos da filha e não permitiu a realização do casamento. Por infelicidade e desgosto, o rapaz apaixonado por Alquimena descuidou-se da saúde e definhou até morrer, vítima da tuberculose.

Com a morte do rapaz, Alquimena selou um juramento: jamais se casaria e se tornaria freira, renunciando à vida mundana. E fez votos de pobreza, um juramento ainda mais forte e pertinente – dele nunca se afastou, mesmo quando se viu obrigada a abandonar a vida de clausura religiosa. Viveu sempre ordenada ao seu voto de pobreza.

A determinação de personalidade e o comportamento inflexível são herança paterna, e se manifestaram também em Anna Emília, em circunstâncias diversas e em várias oportunidades. Tanto nos momentos felizes de sua vida como naqueles em que a tragédia a feriu e mortificou.

Se Alquimena não pôde casar com quem escolheu, tal não se deu com Anna. Porém, diante de tudo o que aconteceu, não se pode afirmar que ela teve mais sorte do que a irmã ao casar com alguém que escolheu. E se os casamentos na época se faziam segundo a escolha do pai, não se pode afirmar também que ela tenha concorrido para o evento com a sua vontade, já que quem se apaixonava era o homem. Ele escolhia a eleita, fazia o pedido de casamento ao pai e, se atendesse às vontades deste, podia se considerar um homem favorecido pelos deuses.

Pelo que se depreende das afirmações de Anna de Assis a seus filhos, no século seguinte, seu primeiro casamento não foi por amor. Ela sempre repetiu:

– Só se ama uma vez na vida.

E confessava: o grande amor de sua vida tinha sido Dilermando de Assis.

No entanto, não se pode ignorar que ela sentiu um grande entusiasmo pelo jovem cadete Euclides da Cunha.

Se o pai vivia os momentos históricos que antecederam a Proclamação da República, também o jovem Euclides participava de forma efetiva desses acontecimentos. E se o que ele fez despertou a admiração do major Frederico Solon, bem como a dos jovens militares da época, certamente atraiu também a atenção daquela menina de quatorze anos que, apesar da pouca idade, pôde acompanhar as reuniões que se realizaram em sua casa, visando a queda do Império.

Depois da Guerra do Paraguai, intensificou-se a propaganda republicana. E o Exército se organizou, tomando consciência de sua força política. Mas o governo monárquico colocava o Exército em segundo plano, prestigiando a Guarda Nacional. Por isso, os militares, principalmente os jovens, encontravam-se descontentes e se manifestavam rebeldes às ordens imperiais.

O Clube Militar foi fundado em junho de 1887 pelo marechal Deodoro e pelo major Benjamin Constant, assumindo uma posição de destaque não só na área militar como também no movimento abolicionista. Consta de todos os registros históricos como memorável a reunião de outubro de 1887, presidida por Deodoro, em que se aprovou o Memorial à Princesa Isabel, no qual o Exército considerava repugnante a tarefa que lhe queriam atribuir de "capitão do mato" na captura dos negros, fugidos do cativeiro.

Afinal, a princesa Isabel assume a regência do Império e assina a Lei Áurea em 13 de maio de 1888, abolindo a escravidão no Brasil. No entanto, outras questões surgem para abalar o Império.

Junto à área militar, o governo presidido por João Alfredo, ministro de Dom Pedro II, consegue desagradar ao nomear o marechal Deodoro para comandante de armas do Mato Grosso. Dessa forma, era retirado da Corte um dos líderes militares, enviado para verdadeiro "exílio" em 27 de dezembro de 1888. No entanto, o sentimento republicano já se havia espalhado entre tenentes, demais jovens oficiais e até mesmo na Escola Militar, entre os cadetes.

O Império é uma instituição que se mantém, naquele período, em frágil equilíbrio, e tudo é feito para demonstrar força e domínio. É no mesmo mês de dezembro de 1888 que se organiza a visita do conselheiro Tomás Coelho, ministro da Guerra, à Escola Militar da Praia Vermelha, no Rio de Janeiro. A intenção do governo monarquista era dar a impressão ao país de que mantinha sob seu domínio a disciplina no Exército. Nada melhor que promover uma pomposa solenidade no pátio de um quartel, colocar a tropa perfilada e passá-la em revista.

A cerimônia é dirigida pelo comandante da Escola, general José Clarindo de Queiroz, considerado um exímio disciplinador. Naturalmente, nada poderia modificar o desfecho feliz programado pelos monarquistas para aquele evento, misto de inofensiva formatura de cadetes para prestar continência ao ministro da Guerra e exibição destinada a impressionar as pessoas incautas, que talvez sonhassem com a queda do Império.

De repente, acontece o imprevisto. Por mais que ajudantes de ordem e comandantes corram nervosos para se agrupar em torno do ministro, tentando abafar aquilo que, inesperadamente, ocorre nas fileiras, um gesto se instala na cerimônia como um ato de rebeldia e como mais um brado a favor da Proclamação da República.

O cadete Euclides da Cunha não se contém e se revolta em vista da encenação. Não é um simples soldado perfilado para prestar continência, mas um jovem que tem os seus ideais republicanos e interpreta aquela cerimônia como um ato de humilhação a que tem de se curvar a Escola.

O seu protesto é um golpe firme, decidido e histórico. A espada, que deveria subir em saudação e respeito à autoridade ministerial, é simplesmente atirada aos pés do atônito conselheiro, depois de alguns segundos em que o jovem cadete se esforçou para quebrar a arma, tentando, inutilmente, vergá-la.

Ele sabia que deveria erigir um protesto, e no momento de realizá-lo confundiu-se nervosamente, tentando primeiro uma coisa e realizando, a seguir, outra.

Era um simples soldado, então, aquele que viria a escrever *Os sertões*, e realizou a sua primeira façanha na história do Brasil.

Não poderia ser de outra forma a reação dos comandantes militares, fiéis ao Império. Aquele simples e desconhecido soldado não deveria empanar a cerimônia que tinha como finalidade, justamente, consolidar a autoridade do poder imperial.

Não se poderia creditar aquele gesto como mais uma manifestação de desagrado aos governantes. Por isso, Euclides foi recolhido à enfermaria da Escola e, em seguida, enviado ao Hospital do Castelo, que providenciou incontinente um atestado de louco para o jovem cadete, excluindo-o assim das fileiras militares.

Era a monarquia que engendrava um ardil para esconder sua fraqueza e sua fragilidade.

Para os colegas, que permaneceram na Escola, Euclides da Cunha não era louco, e sim um herói. E essa aura de heroísmo o acompanhou até a Proclamação da República, chamando a atenção principalmente dos oficiais militares que organizavam o evento que culminou em 15 de novembro de 1889.

Quando se aproximava o momento da revolução republicana, os alunos da Escola Superior de Guerra relembravam o nome e o feito imponente de Euclides, prometendo lutar para a sua volta ao Exército, tão logo instituído no país um novo poder.

O seu nome era também falado e lembrado nas rodas civis. É de se supor que personalidades como José do Patrocínio, Quintino Bocaiuva, Antônio Silva Jardim, Lopes Trovão, Rui Barbosa e muitos outros soubessem do feito daquele rapaz.

Antes da célebre reunião a 11 de novembro, na casa de Deodoro, quando ele se viu convencido a participar da Proclamação da República à qual compareceram, entre outros, Rui Barbosa, Quintino Bocaiuva, Aristides Lobo, Francisco Glicério, e também Benjamin Constant e o major Solon Ribeiro, outras reuniões se deram com a presença dessas mesmas figuras, exceto Deodoro, exatamente na casa do major Solon Ribeiro. E em todos os encontros os acontecimentos que exacerbavam os ânimos republicanos foram discutidos e comentados, à vista dos familiares do major Solon e, principalmente, de Anna Emília, então com apenas quatorze anos, mas com uma curiosidade invulgar e uma vivacidade além do normal para as meninas da época.

Ela foi, assim, uma testemunha constante e atenta das marchas e contramarchas da Proclamação da República. Acompanhou todos os lances, conheceu todas as causas e relacionou em sua memória todos os eventos que surgiram na época e se sucederam até o gesto histórico de Deodoro no Campo de Santana, às nove horas do dia 15 de novembro. Por essa ocasião, a menina Anna Emília ouviu todas as teorias da filosofia positivista, que influenciaram os homens proclamadores da República. Tudo ela registrou em sua memória e ressurgiria tempos depois para determinar também o seu destino.

Com ansiedade de filha, ao lado da mãe e irmãos, acompanhou toda a movimentação do pai, um dos destacados líderes da revolução. E a importância do major Solon no movimento é tão grande e insofismável que exatamente ele foi destacado por Deodoro para, no dia 16 de novembro, levar a mensagem ao imperador Dom Pedro II, solicitando-lhe que se retirasse imediatamente do país, a bordo do navio *Parnaíba*, cruzando o Atlântico com destino a Portugal.

Hoje, muitos compêndios escolares ilustram as páginas dedicadas à Proclamação da República com o quadro célebre que registra exatamente a entrega da mensagem de Deodoro ao imperador pelo barbado major Frederico Solon de Sampaio Ribeiro.

A euforia se alastra pelo país e, entre os militares, um júbilo especial toma conta de todos.

Os alunos da Escola Superior de Guerra comemoram a Proclamação da República e desejam consolidar o movimento com atos que apaguem da história os desmandos da monarquia. Imediatamente, solicitam a Benjamin Constant a reintegração do cadete Euclides da Cunha ao Exército, o que se dá logo a 19 de novembro, sendo que dois dias depois ele passa a alferes-aluno, por um decreto dos novos mandatários do país.

Nessa ocasião, em que se traçam os destinos da nação brasileira, em que se organiza o primeiro governo da República, cognominado Governo Provisório, sob a chefia de Deodoro, também começa a se delinear a vida da personagem de uma outra história.

Um colega do soldado Euclides se oferece para levá-lo à casa do major Solon, e ele tem, assim, a chance de conhecer aquela figura importante que está conseguindo mudar os rumos de uma nação. São momentos de festa e comemoração, tudo é regozijo e apenas um assunto domina as rodas e ambientes: a Proclamação da República.

Quando é anunciada a presença do jovem cadete Euclides da Cunha na casa do major, um alvoroço se espalha, pois aquele rapaz também foi alvo de muitos comentários e admiração. E Anna Emília, sem dúvida, no seu encantamento de menina e euforia de mocinha, vibrou ao conhecer um jovem herói. A história registra apenas a manifestação poética e oportuna do escritor Euclides da Cunha que, certamente, conquistou a bela Anna Emília, pois não é senão um galanteio brilhante.

Ao se retirar da residência de Solon Ribeiro, Euclides deixou para a jovem Anna Emília um bilhete, naturalmente entregue com as precauções necessárias a um primeiro encontro:

> **Entrei aqui com a imagem da República e parto com a sua imagem...**

3
Anna e Euclides da Cunha: depois da poesia, filhos e angústias

Nem tudo na vida é poesia. Um casamento se faz com o dia a dia, filhos e angústias.

Anna Emília casou-se com Euclides da Cunha em 10 de setembro de 1890, logo após a conclusão do curso de artilharia do jovem militar que, já em abril desse ano, era nomeado segundo-tenente.

Ele está com vinte e quatro anos. Nasceu a 20 de janeiro de 1866, em Cantagalo, Rio de Janeiro. Ela tem quinze. Ele prossegue sua carreira militar, estudando até dezembro de 1891 na Escola de Guerra. Em janeiro do ano seguinte, passa a primeiro-tenente. Ela começa a gerar filhos. Nasce Eudóxia, que morre aos quatro meses de idade, vítima da varíola. A primeira filha levou o nome da avó, uma homenagem à dona Eudóxia da Cunha; o filho nascido a seguir se chamará Solon, homenagem ao famoso avô materno que seguindo a sua brilhante carreira militar chegará a marechal Frederico Solon Ribeiro.

Anna ainda foi mãe de mais dois filhos em seu primeiro casamento: Euclides Filho e Manoel Afonso, este com o nome do avô paterno, Manoel Rodrigues Pimenta.

A vida do escritor Euclides da Cunha é muito conhecida, figurando nos livros escolares que tratam das letras nacionais e constantemente citado em amplas reportagens da imprensa brasileira. Circulam edições sucessivas de *Os sertões*, publicado em dezembro de 1902, e em todas surgem notas sobre o autor, informando que ele se desligou do Exército em 1896, para se dedicar à engenharia. Tornou-se colaborador de diversos jornais, sendo convidado pelo *O Estado de S. Paulo* para ser correspondente em Canudos. Na Bahia, ele permaneceu de 7 de agosto a 1º de outubro de 1897. Em meados de 1898, Euclides mudou-se para São José do Rio Pardo, em São Paulo. A princípio só, depois com a família. Instalou-se na rua Floriano Peixoto, esquina da 13 de maio. Foi o engenheiro responsável pela construção de uma ponte, concluída em maio de 1901.

Em São José do Rio Pardo, Euclides morou, construiu a ponte e fez história. A 15 de novembro de 1925, o prefeito da cidade sancionou o seguinte projeto da Câmara Municipal:

> **O coronel José Pereira Martins de Andrade DD. Prefeito Municipal fez a seguinte indicação que foi unanimemente aprovada: Considerando a glória que adveio para São José do Rio Pardo da residência do doutor Euclides da Cunha nesta cidade, onde escreveu *Os sertões*, o livro mais admirado da literatura nacional, considerando mais que esse poeta trouxe para esta cidade uma grande fama, a Câmara Municipal resolve consagrar à memória do preclaro cidadão doutor Euclides da Cunha, o dia 15 de agosto, que recorda o seu desaparecimento do cenário da vida.***

Nesse mesmo ano de 1925 foi fundado o Grêmio Euclides da Cunha de São José do Rio Pardo.

No ano seguinte à publicação de *Os sertões*, o autor era eleito para a Academia Brasileira de Letras e, em 1904, nomeado chefe da comissão de reconhecimento do Alto Purus, realizando então uma demorada viagem pela Amazônia. Retornará apenas em 1906 ao Rio de Janeiro.

Se a vida de Euclides da Cunha pode ser facilmente levantada, analisada, estudada por meio de inúmeras reportagens, artigos e ensaios, nada se pode saber sobre Anna da Cunha,

---

*As cartas e os documentos reproduzidos neste livro tiveram a grafia atualizada. (*N. do E.*)

uma vez que foi sempre acusada de ser a responsável pela trágica morte do marido, não deixando, apesar disso, uma linha contra-argumentando, apenas o testemunho verbal, sempre ressalvado pela afirmação:

– O meu silêncio é a minha defesa.

4
Pensão Monat, rua Senador Vergueiro, 14. Primeiro endereço de uma tragédia

Anna não foi feliz em seu casamento de dezenove anos com Euclides da Cunha. Ela sempre o afirmou, e, se os últimos anos o comprovam, os primeiros não terão sido menos difíceis, pelo que se pode vislumbrar.

Na verdade, o casal nunca se entendeu bem. Apesar de alguns versos escritos pelo marido, como estes:

> **Trancam-se os céus: eu tenho o teu olhar...**
> **Nem faz falta Deus, –**
> **pois tu existes!**

O convívio com o homem intelectual se mostrou complexo. Os choques se sucedem.

Anna, além de se tornar uma bela mulher, possuidora de uma feminilidade graciosa e espontânea, ainda se conservou alerta para os acontecimentos do mundo, estudiosa e intelectualmente acima do normal para as simples donas de casa do fim do século passado.

Se não temos o depoimento de Anna para narrar sua vida conjugal com o famoso escritor, resta-nos apelar para alguns testemunhos importantes.

As desavenças domésticas, surgidas logo nos primeiros anos de casamento, nunca se constituíram segredo.

Uma faceta da personalidade da menina Anna Emília se desenvolve e, à medida que vai crescendo como mulher, surgirá com destaque e primazia. Anna da Cunha será sempre uma mulher independente – o que não era comum. E todas que tentaram ser independentes naquela época, na sociedade brasileira, foram castigadas pela discriminação dos costumes machistas e conservadores.

Essa forma de proceder de Anna da Cunha, no entanto, muito contribuiu para a tranquilidade do desenvolvimento da vida profissional do marido. Enquanto ele se ocupava com seus compromissos e se preocupava em construir sua obra literária, ela não deixou de ser mãe e de tratar da educação dos filhos.

Trechos de cartas de Manoel Rodrigues Pimenta, pai de Euclides da Cunha, revelam como ela se comportou na ausência do marido com referência à educação dos filhos.

A carta, a seguir transcrita, é de Trindade, datada de 16 de julho de 1905.

> **Como te mandei dizer, a Anninha veio aqui com os meninos e regressou no dia 10 do corrente para São Paulo e Rio. Esteve aqui dezoito dias e fui com ela até São Carlos, onde esteve com tua irmã. Eu aconselhei a seguir para a companhia do José na Bahia, onde estará muito bem e os meninos poderão ter um bom colégio. Penso que ela irá em agosto, segundo combinamos, e lá esperará o teu regresso. Pareceu-me assim a melhor solução, visto ser-me quase impossível tê-la aqui, não só porque me embaraçaria muito em sair daqui, para tratar dos meus negócios, como porque teria de ficar longe dos meninos, que seriam colocados em algum colégio de São Paulo, igual ou pior que o de Lorena.**

Não deves, portanto, preocupar-te mais com isso, pois, além de tudo, compreendi que a Anninha tem bastante expediente para arrumar a sua vida. Ela veio sozinha do Rio com os meninos e voltou da mesma maneira, tendo eu verificado que os meninos estavam bem-vestidos e tratados convenientemente.

Um outro depoimento importante é o do escritor mineiro Júlio Bueno, publicado no jornal *Muzambinho*, em 22 de agosto de 1909. Alguns trechos destacam a vida conjugal de Euclides e Anna, além de identificar o gênio temperamental do escritor.

Conheci na intimidade o notável autor dos *Sertões*, na Campanha, quando ali estivera como engenheiro militar, encarregado da adaptação da Santa Casa para quartel do 8º Regimento de Cavalaria.

Já nessa época distante, uma neurastenia incipiente começava a perturbar a vida agitada do moço militar, cujos surtos intelectuais não tardavam a desabrochar. Aí, na quietude da cidade sul-mineira, lhe ocorre escrever *Os sertões*, que o tinham de imortalizar. Entre os livros que lhe emprestei e que ele devorava numa grande ansiedade, um lhe fez grande mossa e talvez fosse o inspirador dos *Sertões*: é o livro de E. Liais, *Giologie, flore, faune et climats du Brésil*.

Para provar que a neurastenia já nessa ocasião começava a minar latente o organismo vibrátil de Euclides da Cunha, vou relatar uma feição característica do seu temperamento nervoso, de seu espírito agitado.

Vizinhávamos e era raro o dia em que não jogássemos uma partida de inocente gamão. Dentro em breve compreendi que tinha diante de mim um doente. A princípio, eu fazia o meu jogo, empenhado em ganhar a partida. Porém, como isso sucedesse várias vezes seguidas, percebi que Euclides ficava exacerbado, trêmulo, terminando sempre por sair pisando forte e sem se despedir.

Uma vez que prendi suas távolas no canto extremo do tabuleiro, fechando todas as casas desse lado, o moço, transfigurado, levanta-se e me intima que deixasse uma aberta por onde pudessem sair as suas. Eu, com a maior calma, retorqui:

– Mas, doutor Euclides, isto não é permitido. Do contrário perderia todo o interesse a batalha.

Bramou ele:

– Eu não sou escravo de regrinhas de jogo, ouviu? Isso é mera convenção. Fica para nós estabelecido que não se deve bloquear o adversário, inutilizando-o, deixando-o na atitude vexatória de um inativo.

Compreendendo o que desejava o meu adversário, assenti na adoção de uma regra nova no mais velho dos jogos. Disse-lhe simplesmente, com a maior bonomia:

– Seja assim.

Doutor Euclides ganhou a partida. Então, levantou-se muito ufano, muito radiante, dizendo-me:

– Você, vá aprender para jogar comigo. Fique sabendo que eu sou invencível no gamão.

Eu concordei com o caro amigo, não querendo extinguir aquela alegria.

Nesse tempo, 1895, conheci a esposa do malogrado moço. Era verdadeira dona de casa.

Exercia ela, felizmente para a fortuna do lar, um grande ascendente sobre o marido, aconselhando-o, advertindo-o, procurando arredá-lo das bancas de jogo, visto lhe conhecer o gênio arrebatado, o seu temperamento de impulsivo.

Era comandante do 8º Regimento de Cavalaria, o coronel Cristino Bittencourt, que, como o seu ilustre irmão, ministro da Guerra de Prudente, era verdadeiro tipo de oficial, devotado à disciplina a mais rigorosa. Não ria nunca, mesmo com as mais elevadas patentes do Regimento.

Nas rodas oficiais e de civis, quando o coronel Cristino chegava, a conversa era mais sóbria, mais circunspecta, mais disciplinada. Euclides era o único que se rebelava contra aquela atmosfera de formalismo. Ele contava, com a maior *sans façon*, pilhérias picantes, que provocavam do tenente Arduíno boas gargalhadas. O próprio comandante desenrugava a fronte e sorria.

Na Campanha, Euclides da Cunha teve a prova da estima daquele povo generoso, que sabia aquilatar o valor do grande patriota, do genial autor dos *Sertões*. Lá está a praça que fica em frente à Santa Casa com o nome imortal de Euclides da Cunha.

Mas aquele grande espírito tinha uma falha; aquele imenso coração tinha um ponto; aquela alma adamantina, como um novo Gulinan, tinha uma jaça; aquele Himalaia de patriotismo, de dedicação para os fracos, para os oprimidos, para os pequeninos, para os infortunados, tinha uma caverna escura; como Aquiles, o herói de Homero, tinha um ponto vulnerável; aquele cultor apaixonado do dever tinha um senão: essa falha, esse ponto negro, essa jaça, essa caverna escura, esse ponto vulnerável, esse senão, era o abandono moral da companheira, daquela que, cheia de sustos, cheia de afeto, de carinho, de zelo, de dedicação, o aconselhava, o advertia, o arredava dos perigos, procurando cercá-lo de uma atmosfera de calma e de repouso. Porém, o grande homem, por uma fatalidade idiossincrásica, correspondia mal a essas disposições da esposa. Daí a tragédia que durou tantos anos a ser representada, tendo o seu desfecho fatal na cena da Piedade, cena que nos enche de pavor e de imensa comiseração, mas que seria inevitável, fatal, dados os precedentes que a determinaram.

Anna da Cunha exercia um grande ascendente sobre o marido – essa é a conclusão de um amigo íntimo, de um vizinho e de quem conviveu com o casal.

Se a vida profissional de um homem é brilhante, não significa que a sua união conjugal tenha de ser feliz e maravilhosa. Se a mulher no fim do século XIX, se a mulher nas primeiras décadas do século XX, era uma simples geradora de filhos,

Anna quis ser muito mais do que uma submissa esposinha. Jamais deixou de ser uma mulher sonhadora, apaixonada e romântica.

Se aos quatorze anos ela era uma menina passiva às determinações paternas, aos vinte e cinco ainda preocupada em organizar a vida familiar, não será a mesma aos trinta anos.

Antes de novos fatos, apresentamos uma carta de Euclides da Cunha em que ele nos informa que a vida familiar era conturbada também no relacionamento dele com os parentes da mulher. Essa carta data de 1894, ou seja, transcorridos quatro anos do casamento.

> Rio, 7-01-1894
>
> Dona Túlia,
>
> Fui a São Paulo e trouxe a Saninha e o filhinho. Estão em Palmeiras. À senhora, como mãe de minha mulher, entendo fazer esta participação. Faço-a por escrito, porque não a posso fazer a viva voz, impossibilitado como estou de entrar numa casa em que se me fez a mais dolorosa injustiça e onde se ouviram complacentemente as calúnias lançadas por um beleguim sobre um rapaz honesto.
>
> Estou bem certo de que o meu velho amigo o general Solon considerar-me-á sempre como mereço; mais conhecedor desta vida e mais experimentado, ele aquilatará melhor acerca destas coisas.
>
> Não veja nestas linhas o mínimo traço de rancor; escrevo-as perfeitamente sereno; a minha consciência, tão agitada, às vezes, está neste momento perfeitamente lúcida.
>
> Depois da triste desilusão que sofri só tenho uma ambição: afastar-me, perder-me na obscuridade a mais profunda e fazer todo o possível para que os que tanto me magoam esqueçam-me, como eu os esqueço.
>
> Quando se terminar a agitação da nossa terra, eu realizarei ainda melhor esse objetivo, procurando um recanto qualquer dos nossos sertões. É uma coisa deliberada, visto como

convenci-me de que a dignidade e toda a sensibilidade, mesmo dos que vivem constantemente preocupados da própria honra, são, na nossa sociedade, coisas perigosas, que levam ao martírio.

Os meus amigos, que felizmente sabem o que valho, sabem quanto tenho sofrido. Terminando estas linhas acredito que a senhora justificará a minha ausência enquanto persistir sobre mim o juízo ofensivamente dúbio que fez de mim e ao qual absolutamente repilo. Eu compreendo que me odeiem, mas eu não compreendo que tentem aviltar-me. Mais uma vez devo dizer que me resta a consolação de acreditar que o venerando amigo, cujo nome dei ao ente que mais estimo, cujo nome pois eu desejaria por isso mesmo ver bastante elevado, que o meu sogro, em suma, me fará justiça. *E se tal não se der, então, é porque vai muito adiantada já a surda e traiçoeira conspiração que pressinto em torno de mim, restando-me permanecer num silêncio altivo e sobranceiro.*

Terminando, devo pedir à senhora um último e grande favor: que o meu nome não seja mais pronunciado na sua sala, desejo ser inteiramente esquecido.

Desculpe-me a extensão desta explicação.

Seu genro respeitador

Euclides da Cunha

O beleguim a que Euclides se refere na carta é o seu cunhado Adroaldo Solon. Optamos por deixar o nome S'Anninha na forma escrita por Euclides da Cunha: Saninha.

E outra carta, de Manoel Rodrigues Pimenta, do ano de 1905, fala da vida conjugal de Anna e Euclides.

Não tens sido franco nem leal comigo. Temos estado juntos algumas vezes; eu aí estive ultimamente, até retirei-me bem aborrecido, e até hoje não conheço nada dos teus recursos. Sei apenas que tens quantia não pequena em um banco de Manaus, e, entretanto, se eu tivesse conhecimento pleno da tua

vida, ser-me-ia fácil e até agradável dar uma direção vantajosa a esses recursos, pois, para isso, sobra-me experiência.

Nada me disseste, eu compreendi somente que havia falta de confiança, mas, como esta não se impõe a ninguém, retirei-me daí apressadamente e contrariado, não só por isso, como também pela forma estranha como tratas tua mulher e filhos, sobretudo a Solon, a quem mais estimo. Pensei que o trato que tens feito e sobretudo os meus conselhos tivessem modificado a tua maneira de viver, mas encontrei os mesmos destemperos, a mesma desordem de outrora.

Encontrei os mesmos destemperos, a mesma desordem de outrora. A desordem conjugal foi uma constante na vida daquele casal. Quando Euclides da Cunha se viu nomeado para chefe da Comissão de Reconhecimento do Alto Purus e viajou para a Amazônia, a sua ânsia de partir e cumprir a missão foi tamanha que simplesmente se esqueceu de deixar recursos financeiros para a família, de forma que pudesse subsistir na sua ausência. Anna confessou que teve de se valer do senhor Fonseca, proprietário do Bazar América, na rua Uruguaiana, para atender à manutenção do lar.

Aos trinta e sete anos, Euclides da Cunha é um nome famoso. Mas não é um homem rico. Passa por muitas dificuldades e, consequentemente, a sua família também. Aos seus infortúnios de ordem econômica e financeira, às suas alucinações e desvarios de homem culto e inteiramente voltado ao saber, junta-se a doença incurável, uma tuberculose crônica. Esse homem se vê constantemente ameaçado por hemoptises imprevistas, mas mesmo assim ele não hesita em embarcar a 13 de dezembro de 1904, no navio *Alagoas*, rumo à Amazônia, interessado em cumprir zelosamente a tarefa de demarcar os limites do Brasil com o Peru, na região do Alto Purus, no Acre.

Anna está no Rio de Janeiro, morando no bairro Cosme Velho, com os três filhos, completamente enredada em dificuldades financeiras.

Ela busca uma solução. Já não tem o pai vivo, a quem pudesse recorrer. O marechal Frederico Solon faleceu a 10 de janeiro de 1900, em Belém do Pará, onde era o comandante do Arsenal de Guerra. A mãe, nessa ocasião, era uma mulher doente, aos cuidados da filha Alquimena, que teve de abandonar a vida religiosa de clausura para se dedicar aos afazeres domésticos e servir como enfermeira domiciliar.

Junto aos irmãos, Anna não poderia buscar auxílio, uma vez que ou se encontravam fora do Rio ou não aceitariam colaborar com a mulher e os filhos de um homem com o qual não se davam.

Ela receberá amparo justamente do sogro, que reside no estado de São Paulo.

Ao se ver envolvida em outras premências financeiras, Anna resolve viajar para São Paulo e internar os dois filhos mais velhos em um colégio inglês. Retorna ao Rio com o caçula, Manoel Afonso, e, para ter reduzida as despesas, resolve morar com o menino na Pensão Monat, à rua Senador Vergueiro, nº 14.

Nessa rua, nesse endereço, ela seria feliz e viveria o início de um grande amor, aí ela começaria a se chamar Anna de Assis e daria o primeiro impulso à roda dos infortúnios e tragédias que ilustram a vida de tantas pessoas. Um rascunho escrito por Dilermando de Assis e deixado para os seus filhos registra a ocasião com esta frase:

> **Aí morava também sua velha conhecida (de Anna), dona Lucinha Rato. Esta e sua irmã Angélica Rato seriam peças de capital importância na tragédia. Aquela daria o primeiro nó da trama terrível...**

Ora, o nó de uma tragédia se faz, de um lado, com uma mulher bonita, inteligente, plenamente saudável e com todo o vigor feminino florescendo aos trinta anos de idade e, do outro, com a solidão, a esperança e os anseios românticos, além de um rapaz bonito e atraente.

5
Três vidas se encontram: Anna, Euclides e Dilermando

O outro lado do laço tem a seguinte história:

Dilermando de Assis ficou órfão de pai aos quatro anos de idade. Era filho do tenente de Cavalaria João Cândido de Assis, que faleceu a 1º de maio de 1892, em Santa Vitória do Palmar, Rio Grande do Sul. Aos nove anos, Dilermando era internado em colégio religioso, na cidade mineira de Uberaba. Em 1898, foi transferido para São Paulo, também para colégio religioso, permanecendo no mesmo educandário até 1902. No ano seguinte, transfere-se para o Rio de Janeiro, ingressando nas Forças Armadas pelas mãos do tio e padrinho major José Pacheco Assis.

Um instante para o parêntese – a transcrição de um comentário escrito por Dilermando de Assis, que surge como contundente justificativa para alguns acontecimentos de sua vida.

> Quer nuns, quer noutro estabelecimento, as noções de lar e de família eram aí preteridas pelos dogmas da crença e teorias da ciência. O meio colegial, díspar pelos costumes e procedência, era uma gleba amorfa e estéril ao cultivo dos sagrados sentimentos de família: a educação moral doméstica deixava muito a desejar. O caráter em formação sofreu, assim, ao embate da prepotência dos viciados, sempre dominantes, o decalque natural, decorrente do meio em que medrava e se desenvolvia.

A 30 de abril de 1904 faleceu, em São Paulo, dona Joaquina Carolina de Assis, mãe de Dilermando e de Dinorah. O irmão da falecida, Joaquim Nicolau Rato, é nomeado tutor dos menores. Por ocasião da morte da mãe, Dilermando encontrava-se em São Paulo. Havia participado da revolta do "quebra-lampião" e por isso excluído da Escola de Guerra no Rio de Janeiro. Essa rebelião se deu quando a população se voltou contra o decreto do governo Rodrigues Alves determinando obrigatória a vacinação para erradicar epidemias, como as da febre amarela, peste bubônica, cólera, varíola e malária. O saneamento estava sob o comando do doutor Oswaldo Cruz, que contrariava vários interesses. A rebelião foi fomentada também nos quartéis. Amotinou-se a escola da praia Vermelha, que agiu como toda a população. Os lampiões de iluminação a gás espalhados pela cidade foram destruídos. Forças legalistas invadiram a Escola Militar e abafaram a revolta.

Em 1905, Dilermando de Assis estava em Santos, na casa do tio João Carlos Rato, quando foi anunciado um projeto de anistia aos revoltosos. Ele pôde enfim regressar ao Rio, mas antes dirigiu-se a São Paulo e encontrou-se com outros parentes.

Nessa passagem por São Paulo, começam os contornos de todas as tragédias. Uma das irmãs de João Carlos Rato incumbe Dilermando de levar para o Rio um álbum de músicas para ser entregue a uma tia.

O endereço é rua Senador Vergueiro, nº 14, Pensão Monat.

Dilermando de Assis, publicou livros e falou à imprensa. Ele relata seu encontro com S'Anninha, como se apaixonaram e como tudo aconteceu.

> **No fim de setembro de 1905, surge na Pensão Monat um elegante rapaz de dezessete anos, alto, louro, desempenado e garboso em sua farda apertada de cadete da Escola Militar. De São Paulo, aonde fora em rápida viagem, trouxera um pacote de livros para dona Lucinda, sua tia materna, que estava**

no salão, em companhia de S'Anninha. Feitas as apresentações, a esposa de Euclides, desde logo perturbada com a atraente presença do rapaz, faz-lhe várias perguntas. Sabe, então, que o cadete Dilermando de Assis, órfão recente, mora numa fortaleza, perto da Escola Militar, em condições de grande desconforto. Dá-lhe conselhos: não devia sacrificar a saúde. A Pensão Monat era ótima e barata. Podia morar aí, entre pessoas amigas. A ideia é pressurosamente acolhida pelo jovem, que ali se instala.

Já porque ficava mais próximo à Escola, onde devia ir ter em breve, já porque me emancipava do rigoroso horário dos escaleres daquela praça de guerra, tal aceitação se impunha. Convinha-me, por isso.

Contava, então, dezessete anos e nenhum mal se me afigurava ir naquela decisão, pois via ali a casa de uma parente e de uma amiga de minha mãe, e nunca a de meu desconhecido, doutor Euclides da Cunha, em quem nem ouvia falar. Jamais imaginara desse passo me adviesse tanta desventura nem no que podia degenerar.

A convivência acarretando a intimidade; a falta de experiência ou malícia permitindo a aproximação mais íntima; a vida não mais de enclausurado abrindo novos horizontes; as leituras em comum despertando fantasias; a puberdade vislumbrando encantos; os espetáculos inviscerando devaneios; a coincidência de predileções esportivas trazendo o embevecimento; o retiro facilitando o império da natureza; a ausência de um conselho protetor que advertisse do curso da idolatria prestes a converter-se em paixão e tantas outras circunstâncias, já materiais, já morais, ora de maior, ora de menor monta que seria ocioso enumerar, tudo concorreu para o despertar de novos sentimentos. E assim, nessa ebriez incontível, imperceptivelmente se consumou o meu crime. Porque é só onde vejo a transgressão à Lei: no ter amado, aos dezessete anos, uma mulher casada cujo marido u não conhecia e que se achava ausente, em paragens longínquas, sem mesmo ser lembrado, sequer por inanimada fotografia. Era a fatalidade, tinha de ser assim, tal havia de suceder de setembro a outubro de 1905.

A Pensão Monat deixa de ser a residência ideal para os enamorados. S'Anninha aluga uma casa na rua Humaitá e lá vive dias, semanas, meses de uma paixão intensa e exaltada.

Euclides da Cunha, na Amazônia, quase não se correspondia com S'Anninha. Vez e outra telegrafava ao amigo Domício da Gama e pedia notícias de suas "quatro enormes saudades".

No entanto, o escritor não sabia sequer onde morava a mulher.

Retornemos à descrição do próprio Dilermando de Assis.

> Em janeiro de 1906, S'Anninha foi surpreendida, certa manhã, em seu ninho de amor, pela visita de um empregado do Bazar América, da rua Uruguaiana. Pelo proprietário do estabelecimento, Batista da Fonseca, correspondente do marido, recebia os recursos necessários para viver. O caixeiro trazia-lhe um telegrama que lhe fora dirigido aos cuidados da firma. Dizia: "Estou na baía a bordo do *Tennyson*. Mande-me buscar. Euclides."

Era o fim do idílio. Nesse dia, encontram-se, pela primeira vez, o cadete e o escritor. Pensando que assim dissiparia as suspeitas do marido, vai Dilermando ao cais, com os empregados da casa, receber Euclides.

Ao jornalista Francisco de Assis Barbosa, para a revista *Diretrizes*, em 6-11-1941, Dilermando de Assis revelou:

> Foi quando vim a conhecê-lo, sendo-lhe apresentado como um "filho da irmã de sua comadre Angélica Rato". Um compromisso de honra obrigou-me a esse vexame. Retirar-me naquele instante, tendo permanecido em companhia de

sua mulher durante tantos meses, seria denunciar o extremo a que chegaram nossas relações. Eu tive que o fazer, para evitar mal maior. Errei? Não errei? Quem poderá dizê-lo? O maior erro já estava consumado. O certo é que sofri bastante. Contudo, julguei que assim deveria proceder. Era um mal, não há dúvida, porém, que visava produzir um bem, evitando mal maior ou a catástrofe. Já não morávamos mais na pensão de madame Monat, e sim, na rua Humaitá, que passei a visitar aos sábados, até que a Escola de Guerra terminou a sua transferência para Porto Alegre. Parti em março, quase três meses após a chegada de Euclides.

O que se passou, então, entre esposos e que muito revelaria da energia e da dignidade de dona Anna, nesse transe, são fatos que não precisam ser relatados em todas as suas cruéis minúcias. Seria deselegante e mesmo desnecessário, pois constam dos autos. Em todo caso, não esquecendo que muitos deles tiveram de vir a público, à força das circunstâncias, devo dizer-lhe que, logo nos primeiros dias de sua chegada do Acre, Euclides já desconfiava de tudo. Não faltou mesmo quem anonimamente o denunciasse a ele. Depois de uma das minhas costumeiras visitas à rua Humaitá, notei-lhe que traía essa desconfiança. Meus irrefletidos dezessete anos fizeram com que lhe dirigisse uma carta, cuja resposta aliás não se fez esperar. É a seguinte:

Dilermando,

Não querendo demorar a resposta à sua carta de ontem, escrevo-lhe neste papel, certo de que me desculpará. A minha resposta é simples: há grande, absoluto engano no que imagina. A questão é muito outra – e você é inteiramente estranho a ela. Veja o inconveniente de se tirarem deduções de fatos e palavras isoladas. Além disso, apesar de aborrecido por um semnúmero de contrariedades, julgo que não o tratei mal. Na sua idade nunca se é um homem baixo. Não creia que lhe houvesse feito uma tal injustiça. A minha casa continua aberta sempre aos que são dignos e bons. Não poderá fechar-se para você. Quando souber a razão do meu aborrecimento, avaliará a injustiça que fez a si próprio e a mim. Até sábado. Estude, seja sempre o mesmo rapaz de nobres sentimentos, e disponha dos poucos préstimos do am., crd., obri.

Euclides da Cunha

Era uma bela lição de moral que eu recebia. Fiquei profundamente chocado com essa carta. Senti que não andava bem. Mas que fazer naquela contingência? Tinha de ficar calado; do contrário, seria pior.

Ainda que o escritor Euclides da Cunha estivesse ignorando os acontecimentos, teve de S'Anninha uma meia confissão. Como foi, ela teve de relatar a um delegado de polícia anos mais tarde. Assim:

(...) que no dia 1º de janeiro de 1906, ela, informante, recebeu da Casa Fonseca da rua Uruguaiana, "Bazar América", correspondente da informante, um telegrama comunicando que seu marido se achava a bordo de um vapor chegado ao porto desta capital, de volta do Acre.

(...) que ela, informante, nessa data, escreveu uma carta a seu marido, dizendo que, como se julgasse indigna dele, por havê-lo traído espiritualmente na ausência dele, não sabendo se pelo bem-estar que tinha livre dos maus-tratos e pela falta de carinho com que ele a tratava, achava que ele devia prolongar a separação, já que ele era um homem de grande talento e estudos científicos, conhecia a incompatibilidade de gênios entre ela, informante, e ele, seu marido, ou por meio de uma nova comissão ou pelo divórcio; que essa carta, ela, informante, entregou a seu marido no dia de sua chegada e à noite; que, chamando-a depois de entregue a carta, lhe perguntou o seu marido se ela, informante, havia profanado o seu corpo, ao que ela respondeu, diante da pergunta, que havia profanado só o espírito.

6
Cartas inéditas revelam a paixão de Dilermando de Assis

Quando S'Anninha confessa ao marido sua traição espiritual, argumenta que só há uma solução: prolongar-se a separação entre eles, por meio de uma nova ausência do escritor, ou pelo divórcio.

Faltou-lhe coragem para uma confissão completa. E ela se encontrava grávida de três meses.

É Dilermando que escreve:

> Ao marido parece ter faltado a agudeza necessária para compreender que a incompatibilidade alegada não era fingida, mas real e profunda. Admitindo, talvez, a validade das razões por ela apresentadas contra ele, Euclides disse-lhe que não dava importância ao que tivesse podido pensar, uma vez que seu corpo não fora profanado. Continuou a esposa a partilhar o leito conjugal. Evitou novos encontros com o jovem amante e procurou por todos os meios e modos dissimular a gravidez. Isso, porém, logo se tornava impossível: a verdade não confessada surgia, brutal e acusadora. O marido, certo da traição, lança-lhe os maiores insultos e rasga-lhe, em fúria, as vestes. Dilermando, que se transfere para a Escola Militar do Rio Grande do Sul, despede-se do casal, num bilhete cerimonioso. Euclides abre-o, lê em voz alta, perante as pessoas da casa e hóspedes ocasionais. S'Anninha ouve, trêmula, transtornada com aquele golpe, quando o marido exclama, contemplando-lhe o rosto desfeito:
>
> – Vejam a cara dessa mulher! E me digam se não é a de quem está se desprendendo do ente que mais ama!
>
> A resposta de S'Anninha é uma desesperada crise de choro. Os meses que se seguem são terríveis, de ameaças e de pavores constantes.

Após a primeira humilhação na presença dos criados e de uma senhora, hóspede da casa, de nome Zulmira, S'Anninha não consegue disfarçar o seu abatimento. Euclides tinha razão ao afirmar que aquele era o semblante de quem se desprendia do ente que mais amava.

Para se ter uma exata ideia da paixão do jovem cadete por S'Anninha, basta examinarmos suas cartas, agora transcritas pela primeira vez. E se não temos as respostas, não é por isso que não podemos imaginar correspondência de paixão no mesmo nível.

Carta nº 1

A bordo do *Itaituba*, em viagem para Paranaguá

Minha nunca esquecida e queridinha S'Anninha.

Foi triste o nosso adeus!... Foste-te pela avenida em fora, enquanto eu, não podendo dominar as lágrimas que em borbotões jorravam-me dos olhos, dando o braço ao meu companheiro, encaminhei-me para a nossa separação. Era preciso que assim triste fosse a nossa cruel despedida para que nada deixássemos transparecer do nosso intenso amor. Ainda com a tua frágil e delicada mão me acenaste dando-me, quem sabe, o último adeus. Foi aí, convencido então da realidade, que não me pude conter e... chorei. Chorei lágrimas ardentes que me incandesceram as faces, podendo perceber apenas a imagem querida de teu semblante adorável e a dor do teu terno coração.

Dói, dói muito, mas assim é preciso. Não te deixei só ao passo que eu encaminho-me para o exílio onde sentirei tristes dores, longe de ti, sem me molhar em suas queridas lágrimas, sem sentir o calor de teu rostinho formoso, a suavidade de teus seios, onde tratarei da vida com todos os esforços, esperando sempre uma fase mais feliz e prazenteira. Não

chores, te peço. Guarda as tuas lágrimas que valerão mais noutra ocasião. Não repares a letra pois o vapor está jogando muito. Só saímos do Rio às duas horas da noite. Não podendo dormir e só, sentei-me no banco em que estiveras e pedi a meu filhinho que te conserve com saúde e que te proporcione todas as felicidades que almejares. Adeus, querida, até Florianópolis. Donde te escreverei. Aceita mil beijinhos do teu Amado.

Mandes o Ant. buscar a minha navalha, digo, a caixa da navalha que ele deixou na rua General Câmara, nº 112, onde foi afiada a navalha.

Carta nº 2

A bordo do *Itaituba*, no porto de Florianópolis
9-IV-1907

Minha adorada e sempre idolatrada esposinha.

É com grande ânsia que às pressas delineio estas palavras para dar-te notícias minhas. Como hás de querer, vou te comunicar o que tenho passado a bordo. Já te mandei dizer que o vapor partiu às duas horas e chegamos a Paranaguá ontem, de onde te enviei a carta nº 1, registrada, mandando-te as minhas dores, as saudades e a crueldade do exílio a que me destino. No primeiro dia estive, depois que cruel e friamente te deixei, acordado até às três horas, depois de procurar nas trevas da noite divisar a poética igrejinha em que parecia-me estares ainda à minha espera, para o duradoiro até a volta. Nada!...

Tudo estava escuro, e, então, convencido da dura realidade, procurei no leito acalmar a exaltação de minha alma tão apaixonada por esse anjo que desgraçadamente descrê.

E assim, docemente embalado nas águas do Atlântico, dormi. O dia seguinte passei na cama até a hora da janta. Começou então o temporal que durou até Paranaguá. Em cima, no tombadilho, só ficamos três rapazes. Deixei a terra já era noite, e na volta fui dormir. Hoje, o dia foi agradável, levantei-me cedo e almocei às dez horas. Poucas são as pessoas que saem dos camarotes, pois o mar tem (...)

Seguem-se trechos ilegíveis.

(...) faz pouco dos meus juramentos. Que fazer, meu Deus? Esperar que se proporcione a ocasião para que todas as dúvidas sejam então dissipadas, antes que, frondosos, seus ramos tentem cobrir os raios do sol que já tantas vezes tem sido ofuscado pelos arrebentos de ciúme sarcástico que te orla o coração, tão meu querido.

Carta nº 3

A bordo do *Itaituba*, à entrada da Barra do Rio Grande
12-IV-1907

Adorada e saudosa esposinha.

É a terceira vez que, com grande satisfação, tomo da pena, não só para cumprir um dever para contigo, como também, e mais ainda, para contentar o meu pobre coração, que tanta falta tem sentido e há de sempre sentir de ti, minha queridinha. Que saudades!...

A viagem tem sido maravilhosíssima – até aqui, salvo aquele ligeiro temporal de que já te falei.

Decididamente, só a teu lado poderei viver satisfeito. A bordo, caminho para um lado e para outro, do convés ao tombadilho, de bombordo a boreste, converso com um, não satisfeito, procuro outro companheiro, ainda aí não me acho bem, vou a um camarote, abro as malas e, às escondidas, olho para o que foi teu, contemplo tua imagem querida, beijo-a, choro, mas qual, sinto-me sempre mal, falta-me uma causa que não vejo, que não sinto, que não posso abraçar e beijar com aquele intenso amor com que havias e fazia contigo...

É um horror a minha vida. Talvez não acredites porque estás longe e não podes apreciar. Perdoa-me esta letra tão triste, com o jogo do vapor, não posso escrever bem.

Já vejo de perto os belos montes de areia que orlam as praias dos nossos queridos pampas e então sinto-me bem longe de ti, separado por extensos mares e, talvez, por um, dois, três anos e, quem mo dirá, por toda a eternidade?! Será possível?!

Poderei morrer sem te ver? Não; hei de ver-te, ainda que moribundo mal possas ouvir o rouquear do peito de quem tanto (...)

O restante da carta está ilegível.

No Rio de Janeiro, S'Anninha recebe as mensagens apaixonadas de Dilermando e sofre a sua gravidez acusadora. Afinal, Euclides tem certeza de tudo o que aconteceu.

Ele chama a mulher e confessa que ainda a ama. Em outros momentos, desvairado, ele afirma que não quer se ver envolvido num escândalo público que se refletiria também sobre os filhos.

Euclides dialoga com a mulher. Calmo, declara que a perdoará magnanimamente, desde que ela não mais falseasse a fé conjugal.

São dias de angústias e desesperos. S'Anninha chora a ausência de quem ama, gera um filho dessa união e tem de se submeter às imposições do marido. Intimidada, ela cede.

Mas em vão ela tenta apaziguar o marido, que alterna momentos de paz com alucinadas atitudes de homem traído.

7
Uma criança morre de inanição

É manhã de sol no Rio de Janeiro. É um dia comum na vida da cidade.

Não há calma e tranquilidade na casa da rua Humaitá, nº 67. Desde a madrugada, correrias, um alvoroço estranho agita o ambiente. Ninguém dorme há horas.

Anna da Cunha não sabe se atende ao marido doente, vitimado por aguda crise de hemoptise, ou se busca socorro médico. Isso ela deveria fazer, simplesmente. Mas não pode. Ele não permite. E grita, exasperado, que não se afaste, que permaneça a seu lado e prove ser a sua mulher, a sua companheira.

Anna pede ajuda aos empregados da casa, mantém afastados os filhos, não os quer ouvindo os desvarios do pai. Ele a chama de traidora, mistura frases e pede que não o abandone.

A pequena bacia serve para colher o sangue doente que escorre da boca de Euclides. Entre vômitos, enfraquecido pela crise da hemoptise, ele murmura pedidos de perdão, tenta se reconciliar com a mulher. Anna procura acalmá-lo e desfazer as suas dúvidas, promete-lhe ser fiel.

Euclides chega ao instante do último desespero. Mesmo debilitado, levanta-se da cama e caminha na direção da mulher. Estende a pequena bacia de sangue e diz para Anna:

– Beba. E prove assim que me ama.

Anna foge e, amedrontada, passará dias afastada de Euclides.

Ela não poderia supor que o pior ainda aconteceria.

A 11 de julho de 1906, nasce o menino Mauro.

Euclides registra a criança como seu filho, chamando, para testemunhas, um amigo íntimo, seu confidente, o doutor Cândido de Siqueira Campelo, e o caixeiro de um armazém próximo do cartório, de nome Francisco Alves.

Esse filho, Anna o terá nos braços uma única vez.

Ela se vê prisioneira no próprio quarto, confinada na própria casa. É impedida de amamentar a criança. Não sabe o que está acontecendo e ninguém surge para socorrê-la.

Em vão ela implora ao marido que lhe traga o filho.

A porta do quarto permanece trancada. Ela está só. Até os empregados da casa são mantidos afastados, impedidos de auxiliá-la. O marido se instala numa vigilância obstinada e não cede, conservando-se indiferente ao desespero da mulher.

Anna se lança contra a porta trancada, esmurrando-a, gritando e chamando pelo filho. Ninguém pode sequer se aproximar daquele quarto.

Ela não consegue fugir, uma fraqueza enorme a domina e, extenuada, abriga-se em seu leito. As dores do parto recente já não a torturam, o sofrimento maior vem da incerteza do destino de seu filho.

Após sete dias de vida, morre o menino, filho de Anna e de Dilermando.

Euclides comunica à mulher a morte da criança e afirma tê-la enterrado no quintal da casa, tudo às ocultas, tanto quanto possível.

Anna, antes de se prostrar entregue às suas dores, grita uma acusação:

– Assassino.

E repetirá, anos mais tarde, a seus outros filhos:

– A criança morreu porque fui impedida de amamentá-la. Perdi o meu filho que morreu de inanição.

NOTA DO AUTOR: Este capítulo foi objeto de reclamações judiciais contra os autores, promovidas por duas netas, e respectivos maridos, de Euclides da Cunha, filhas de Manoel Afonso. Os autores, defendidos pelos advogados Nilo Batista e Felipe Amadeo, livraram-se dos questionamentos com o arquivamento do processo no Fórum do Rio de Janeiro.

Os fatos aqui relatados são versões de Anna de Assis passadas à filha Judith Ribeiro de Assis. No entanto, o que se pode comprovar é que a criança foi enterrada no cemitério São João Batista, verdade que se elucidou para Anna tempos depois. É importante esclarecer que, para Anna de Assis, os primeiros procedimentos de Euclides da Cunha, logo após o nascimento da criança, nunca se apagaram. Ela reclamou para os filhos, durante toda a sua vida, que se não tivesse sido impedida de amamentar a criança esta teria sobrevivido. E no primeiro momento dos acontecimentos dramáticos vividos naqueles dias, Euclides da Cunha, procedendo de forma cruel e sádica, vem e lhe afirma ter enterrado a criança no quintal da casa porque não queria escândalos, quando realmente foi enterrada em cemitério.

Tudo o mais que se passou entre Anna e Euclides, naquele atribulado mês de julho de 1906, será para sempre ignorado. Tudo o que sabemos é o que Anna se dispôs a revelar aos filhos. Como escritor, registro estas revelações neste livro que conta como viveu, sofreu e amou Anna de Assis.

8
Nasce uma espiga de milho no meio de um cafezal

— A tragédia doméstica, que se desenrolou durante a curta existência de Mauro, não deve ser recordada, mas lhe garanto que dona Anna a suportou como verdadeira heroína – declarou Dilermando de Assis ao jornalista Francisco de Assis Barbosa. E acrescentou: – Eu, no Sul, ignorava tudo, ou quase tudo, que se passava aqui. Em começos de 1907, vim ao Rio em gozo de férias. Só então me inteirei do que ocorrera após o nascimento e a morte imediata de Mauro. Silencio sobre esse triste episódio. Encontrei-me com Euclides em um bonde. Com surpresa para mim, ele cordialmente me cumprimenta, convidando-me a aparecer em sua residência, na rua Humaitá, nº 67. Minha surpresa não podia ser maior.

Dilermando não atende ao convite feito por Euclides e se encontra com S'Anninha em outro local. Além de se inteirar dos acontecimentos, constatará que ainda tem o amor daquela mulher.

Anna tenta nessa ocasião se separar de Euclides. Sofria pressões de todos, mãe, irmãos, familiares, amigos. No entanto, convive desordenadamente com o escritor, mantendo viva sua união com Dilermando.

Durante o breve período de férias de Dilermando no Rio, S'Anninha, apesar das ameaças, pressões, sofrimentos e muitos conflitos, fortalece essa união. E, enquanto ele ainda estuda no Rio Grande do Sul, ela tece o destino para ser feliz a seu lado. Os anos de 1907 e 1908 serão o tempo de espera. Terminado o curso, promovido a tenente, Dilermando regressa ao Rio de Janeiro mais adulto, conseguindo novas forças para enfrentar a sociedade que se opunha àquela união. Em 1907, ele tem dezenove anos. S'Anninha, trinta e dois.

– De volta a Porto Alegre, recebi em novembro a participação do nascimento de Luiz, também meu filho, o menino que, segundo divulgou Medeiros e Albuquerque, o escritor chamava "espiga de milho no meio de um cafezal". A criança loura, de olhos azuis, destacava-se dos demais filhos de Euclides: morenos, de olhos escuros, cabelos negros e lisos. Ele sabia, portanto, que não era seu filho. No entanto, continuou a viver com a esposa, apesar das provas que se apresentavam claras e insofismáveis da sua infidelidade.

Dilermando de Assis envia do Sul novas cartas durante o ano de 1908.

Carta nº 4

A bordo do *Itapacy*
4-V-1908

Perene lembrança de meu coração.

Escrevo-te às onze horas e trinta e cinco minutos, quando este carro oscilante desliza sobre águas paranaguaenses com rumo do S. Francisco. Todos os passageiros acham-se já acomodados e eu velo lembrando-me de ti, de meu horizonte querido, recordando ainda aqueles alegres momentos que discorreram juntos, e, sob o jugo massacrante da saudade, busco o alívio à minha dor conversando contigo agora, a estas horas caladas em que hás de embalar certamente em teus soluços e bem torneados braços, ternamente acalentando o pensamento de nosso tão desventurado quão terno amor. Talvez também com o pensamento te transplantes a estas plagas balbuciando perfumadas frases de ternissimo carinho bordado com arte pela nobreza e celestial fantasia de tua alma sentida e emocionante. Eu não ouço, tão distante, as tuas palavras, porém o meu coração reflete-as e eu sinto, e eu respondo, e eu choro de saudades, porque sinto também que, trazidas talvez pelas ondas, elas são úmidas, mas úmidas de lágrimas quentes ainda. Beijo-as, nada mais me é dado fazer. Entre as minhas talvez não sintas as gotas quentes envoltas de dor, mas, ainda que frias, elas te farão lembrar que só de ti e por ti eu vivo, porque são de amor, pois eu só amo a ti e, cada vez mais, eu sinto e juro-te. Pois bem, são frias, são também cristalinas, receba-as pois e com este fino estilete Anninha aos pés mimosos de nossa gentil florzinha.

Muito sinto não poder abraçar-te em adeus.

Que fazer?! Assim o quis a fatalidade, assim o quis o destino. Haverão de nos consolar e de nos amar ainda mais, não é? Pouco tempo haveremos de estar separados e este servirá para aumentar a sede de nosso amor mais irracional, mais terno, mais enlaçado em que nos haveremos de rolar como umas conchas levadas e trazidas pela maré que beija as areias da praia, saudadas por um sol cheio de vida e calor como para nós é a esperança que nos dá alento e conforto. Abraça bastante a nossa flor por mim, beija-a e sugalhe o perfume e o mel como as abelhas para ouvir-me, [ilegível] ainda que pouco, pois não sou egoísta. Adeus, beijo-te muito, e sou só teu.

Carta nº 5

A bordo do *Itapacy*, praia Rio Grande, às onze horas
6-VI-1908

Minh'alma que tanto adoro.

Se procuro esta hora em que a natureza passa em trevas, é não somente porque é a hora da dor, a hora da concentração e das saudades, como também porque, longe das distrações espontâneas, do dia, eu posso lembrar-me ternamente de ti, de meu amor sem ser importunado pelas amabilidades dispensáveis que os companheiros proporcionaram cotidianamente. Já é a terceira carta que te escrevo.

A última frase da carta está ilegível.

Quando encerrou o seu curso na Escola Militar no sul do país, Dilermando havia conquistado evidência como campeão de tiro. Ao retornar à capital, traz na bagagem, além do revólver regulamentar de tenente, outra arma excelente, prêmio ganho no campeonato em que provou a segurança de sua pontaria.

Algumas declarações de Dilermando de Assis para *Diretrizes*:

Dos encontros posteriores que tive com Euclides, nas férias de 1908 e no primeiro semestre do ano seguinte, embora não mais trocássemos cumprimentos, jamais resultou de sua parte a menor manifestação agressiva à minha pessoa. E ele tivera conhecimento de que, em 1908, fora eu, acompanhando dona Anna, internar o filho mais velho, Solon, no Colégio Anchieta, em Friburgo. E ele vira dona Anna em minha companhia, em plena rua Humaitá (...).

Euclides concorre, por insistência de amigos, ao concurso para a cadeira de lógica do Colégio Pedro II, realizado em 1909. Os estudos em que se empenha, a tese que tem de escrever, as preocupações de ordem intelectual que o absorvem, constituem um derivativo, aliviando um pouco a tensão. Tira no concurso o segundo lugar, conquistando o primeiro o cearense Farias Brito. Mas Euclides é Euclides. Tem amigos poderosos, que se movimentam em seu favor. E a própria S'Anninha, apesar dos pesares, vai ao presidente da República, Nilo Peçanha, também republicano histórico, pedir a nomeação do marido. Nomeado, vive Euclides transe dramático. A decisão do governo é criticada. Ele próprio tem a consciência pesada. Chega a querer desistir. Acha que invalidara o direito de um candidato mais capaz, além de mais pobre e desamparado. O inferno doméstico em que vive se torna ainda pior, com o agravamento da tuberculose. Voltam as antigas hemoptises.

Quando Euclides da Cunha retornou do Acre, S'Anninha, no primeiro momento, fez-lhe apenas uma velada confissão. Logo foi impossível sustentar o segredo e imediatamente ela lhe propôs uma nova separação: através do divórcio, ou ele conseguiria mais uma comissão, ausentando-se novamente do Rio. O escritor não aceitou nem uma nem outra proposta. Contentou-se em atormentar a mulher e transformar o casamento em um caos doméstico. Tudo teria se arranjado conforme as intenções do escritor caso S'Anninha não fosse uma mulher ousada e plenamente consciente de seus desejos. Insistiu em seu relacionamento com Dilermando de Assis, não se sujeitou aos compromissos de um casamento acabado. Tudo ela fez para convencer o marido da conveniência de uma separação. E tudo se passou exatamente igual a tantos casos semelhantes de rompimento de uma união conjugal: de um lado, a mulher tentando se desvencilhar do compromisso, do outro, o homem exigindo a sua subserviência.

Diante da atitude intransigente de Euclides da Cunha, não acatando as suas ponderações, Anna da Cunha deliberou ausentar-se ela do Rio de Janeiro.

Por aí se vê como S'Anninha era uma mulher voluntariosa.

A freira Alquimena, irmã de S'Anninha, estava com uma excursão para Roma marcada para a segunda quinzena do mês de agosto de 1909.

S'Anninha viu na Itália, no outro lado do Atlântico, a provisória solução. Uma viagem, o mar, a distância, a ausência, um gesto definitivo, uma atitude decidida, falaria muito mais que algumas palavras, frases e pedidos.

Comprou uma passagem para ela e o filho Luiz no mesmo navio que levaria à Roma a sua irmã Alquimena e outras religiosas.

Não sabia a duração da viagem. Os seus planos, vagos ainda, previam apenas cartas para o marido no Brasil, acertando o divórcio e a separação definitiva. Ela imaginou os seus argumentos fortes o suficiente para demover a teimosia do marido com um Atlântico separando-os. E ela inacessível aos seus acessos de fúria e loucura.

A data da viagem estava marcada, 17 de agosto. Só que, antes de uma terça-feira, há um domingo.

9
Tudo acontecia além do voo da Águia de Haia

Em 1907, o Brasil era governado pelo presidente Afonso Pena, mineiro, que escolheu, como candidato a seu sucessor, seu ministro da Fazenda, Davi Campista, também mineiro. Essa escolha gerou uma crise, pois o nome não obteve apoio sequer entre políticos de Minas.

Nessa época, predominava o que se denominou política dos governadores. A Câmara Federal reconhecia somente os diplomas dos candidatos eleitos pelas situações em cada estado, ou seja, os deputados eleitos pelo apoio dos governadores. Já os governadores se apoiavam nos coronéis municipais. A corrente se formava assim, dos municípios à Câmara Federal. O poder central era mantido pelas oligarquias estaduais.

Dois estados, economicamente mais fortes, ditavam os rumos da nação: São Paulo e Minas Gerais. Apenas um líder gaúcho, Pinheiro Machado, detinha poder de influência e coordenava na Câmara uma facção que desejava influir na escolha do próximo presidente. Assim, as forças se dividiram entre São Paulo, Minas Gerais e os liderados por Pinheiro Machado.

O candidato Davi Campista era apoiado apenas por alas jovens de políticos sem muita sustentação nas oligarquias estaduais. Não tinha a simpatia de Pinheiro Machado. Os velhos chefes da política mineira, Bias Fortes e Francisco Sales, também não apoiavam Campista. Os paulistas, de início, não se manifestaram.

Duas novas candidaturas despontaram nas campanhas pré-eleitorais: Rui Barbosa e Hermes da Fonseca.

Rui Barbosa foi o representante brasileiro na Segunda Conferência de Paz, iniciada a 15 de junho de 1907, convocada pela rainha da Holanda e pelo czar da Rússia. Foram convidados a participar quarenta e quatro países. O ministro das Relações Exteriores era o barão do Rio Branco, e o nome do vice-presidente do Senado para a Conferência de Haia foi sua indicação.

Era uma conferência pela paz e, quando o representante dos Estados Unidos opinou pela formação de uma corte permanente de justiça internacional, classificando-se os países em categorias, conforme o poderio militar, Rui Barbosa insurgiu-se argumentando:

– Quanto a nós, da América Latina, fomos convidados a entrar pela porta da paz. Por essa via tomamos parte nesta conferência. Começamos a ser conhecidos como operários da paz e do direito. Mas se nos decepcionarmos, se nos descorçoarmos desiludidos, com a convicção de que a grandeza internacional não é avaliada senão pelas forças das armas, então, por culpa vossa, o resultado da Segunda Conferência da Paz teria sido o de inverter o curso político do mundo no sentido da guerra, impelindo-nos a procurar através de grandes exércitos e nas grandes armadas o reconhecimento de nossa posição pretendida em vão pela população, pela inteligência e pela riqueza.

Rui Barbosa regressou ao Brasil como líder dos países fracos, e sua defesa da igualdade das nações não foi refutada pelos poderosos. O baiano alcançou celebridade internacional e ficou conhecido como a Águia de Haia.

O outro nome lançado para presidente foi o do marechal Hermes da Fonseca, então ministro da Guerra, numa sugestão de Lauro Sodré, líder político paraense que obteve apoio nos setores militares. Evidentemente, os militares pretendiam retornar ao poder, de onde saíram com Floriano Peixoto.

Ficou clara a situação política. Pinheiro Machado apoiava a candidatura do marechal, teve o apoio do governador mineiro Venceslau Brás, que foi incluído como vice na chapa de Hermes. Outros estados se posicionaram a favor do candidato militar.

Já os paulistas e baianos se colocaram contrários ao marechal e apoiaram Rui Barbosa. Afonso Pena ainda se batia por seu candidato: Davi Campista. Mas o embate se dava entre Rui e Hermes. E a Águia de Haia trovejou:

– A nação governa. O Exército, como os demais órgãos do país, obedece. Nesses limites é necessário, é inestimável o seu papel; e na observância deles reside o segredo, a condição de sua popularidade. O Exército certamente o sabe. Não quererá outra função. A aclamação da candidatura do ministro da Guerra seria, porém, a meu ver, um passo em sentido oposto.

O marechal Hermes da Fonseca continuou candidato, e mais forte ainda, quando Afonso Pena morreu a 14 de junho de 1909 e assumiu a presidência seu vice, Nilo Peçanha, aliado de Pinheiro Machado. O marechal passou a ser, com o apoio do novo presidente, o candidato da situação.

Apoiada pelos mineiros, pelo gaúcho Pinheiro Machado que liderava os estados nordestinos, a candidatura Hermes da Fonseca teria a seu favor a máquina eleitoral montada a partir dos *coronéis* municipais e o tradicional voto de cabresto. Contra essa situação se insurgiu Rui Barbosa, candidato oficial da oposição por uma convenção reunida no mês de agosto de 1909:

– Perderemos. Mas o princípio da resistência civil se salvará.

E assim, lutando contra a poderosa máquina governamental que o derrotará, Rui iniciou a Campanha Civilista, apoiado pelos estados do Rio de Janeiro, São Paulo e Bahia.

Era um intelectual brilhante, que discursou nos teatros e nas praças públicas, falando ao povo:

– Que me importa a mim, senhores, o espantalho? Não nasci cortesão. Não fui do trono; não quis ser da ditadura; da própria nação não o sou; não o serei das baionetas.

Pela primeira vez na República um candidato a presidente se dirigia diretamente ao povo, pedindo-lhe o voto.

A luta sucessória de 1910 se fez com a Campanha Civilista de Rui Barbosa de um lado e os militares, além de velhos políticos e coronéis do interior, de outro.

Nesse contexto político brasileiro se dá o encontro de dois homens rivais que nada disputavam, apenas procuravam defender suas paixões. Só que um era civil, escritor e intelectual: Euclides da Cunha. E morreu. O outro, militar, Dilermando de Assis, sobreviveu, e seria julgado pela morte do civil.

10
Treze tiros e uma tragédia

A imprensa brasileira da época fartou-se com a repetida chamada: *a tragédia da Piedade*.

Contou de várias maneiras o que teria se passado na casa nº 214, da Estrada Real de Santa Cruz, em Piedade.

A imprensa brasileira fazia sistemática campanha pró-Rui Barbosa para presidente da República, e a morte do civil Euclides da Cunha por um militar, o tenente do Exército Dilermando de Assis, acabou servindo de reforço aos argumentos civilistas contra as armas. Não se diga que houve deliberação por parte de todos os que redigiram matérias para contar os fatos, mas a confusão dos acontecimentos e a exacerbada paixão dos envolvidos numa campanha presidencialista serviram para obscurecer a verdade e erigir mistérios e dúvidas onde só existia fatalidade ou tristeza.

Depois, decorridos alguns anos, o militar Dilermando de Assis se viu proibido pelo Exército de se manifestar por meio da imprensa e, como *a tragédia da Piedade* deixou de ser assunto, ficou de pé a versão da morte de Euclides da Cunha como assassinato. Daí que o depoimento do então coronel Dilermando de Assis ao jornalista Francisco de Assis Barbosa, para *Diretrizes*, em 13 de setembro de 1941, compôs uma nova perspectiva para o fato:

UM DEPOIMENTO DE ALTO VALOR HISTÓRICO

> **Constituiu um acontecimento histórico na imprensa semanal do Brasil a publicação do depoimento do coronel Dilermando de Assis em torno da morte de Euclides da Cunha. A circunstância de nos vermos obrigados a lançar, dois dias após a publicação da mencionada reportagem histórica, uma segunda edição em papel de jornal, constitui, sem dúvida, a maior prova do interesse público suscitado pela reportagem "Euclides da Cunha não foi assassinado", de autoria de nosso companheiro Francisco de Assis Barbosa. Ambas as edições, embora representassem algumas dezenas de milhares de exemplares, não chegaram contudo para atender aos numerosos pedidos que recebemos de todos os cantos do Brasil, fator esse que vem aumentar ainda o valor histórico de uma edição esgotada duas vezes em menos de sete dias.**

Dilermando de Assis pôde retornar à casa nº 214 da Estrada Real de Santa Cruz e, valendo-se dos indícios que encontrou, conseguiu reconstituir matematicamente a trajetória dos sete tiros de Euclides e dos seis que disparou em represália. Fez um desenho para facilitar a compreensão de sua exposição, exibiu-o em sua defesa perante o júri que o julgou, guardou-o, e a revista *Diretrizes* publicou-o, juntamente com seu depoimento sobre como se desenrolou a tragédia do dia 15 de agosto de 1909.

Era domingo. Seriam dez horas da manhã. Tomávamos café – dona Anna, Solon, Dinorah, o pequeno Luiz e eu, na sala de jantar (E).

Dinorah vai até à sala de visitas (A) buscar cigarros e volta, logo depois, comunicando que o doutor Euclides estava à porta e queria falar-me.

– Que entrasse – disse a meu irmão.

E, enquanto ele retornava à sala de visitas (A), fui ao meu quarto (C) a fim de vestir minha túnica.

Adiantando-se a meu irmão, que lhe abriu o portão do jardim e a porta da sala de visitas (A), Euclides da Cunha entrou precipitadamente em minha casa, declarando:

– Vim para matar ou morrer.

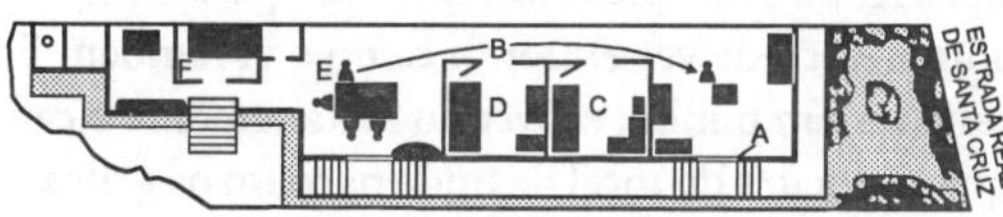

No interior do meu quarto (C), ouvi distintamente apenas as palavras "matar ou morrer". A porta se abre com um pontapé. E de súbito vejo Euclides que me aponta o revólver.

– Que é isso, doutor?! – perguntei-lhe.

Ele responde:

– Bandido!... Corja de bandidos! – atirando contra mim, quase à queima-roupa.

Embora ferido, procuro tomar-lhe a arma. Avanço com a mão esquerda. Euclides recua o braço direito e eu consigo agarrar a manga do seu casaco. Recebo, então, um segundo tiro. Caio. Desta vez, estou ferido no peito. Dói-me horrivelmente.

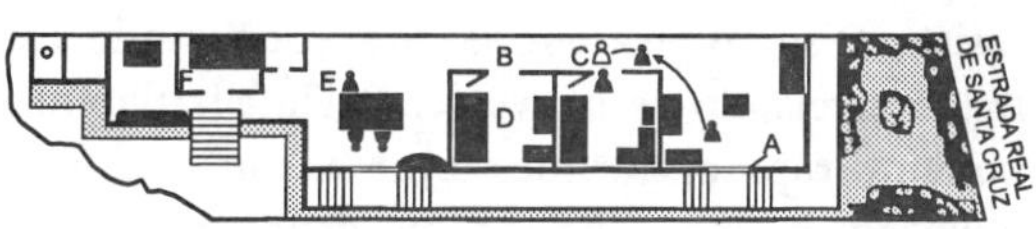

Tudo isso é muito rápido. Caído à porta do meu quarto (C), tudo rodava à minha volta.

Vendo-me em perigo, Dinorah tenta desarmar Euclides, que dispara contra meu irmão. Desarmado, este corre pelo corredor (B) e, ao aproximar-se da porta do seu quarto (D), Euclides acerta-lhe um tiro na coluna vertebral, inutilizando meu desventurado irmão para o resto da vida.

Euclides ouve os gritos de dona Anna e dos meninos, escondidos na despensa (F) e caminha até à sala de jantar (E). Que pretendia ele?

Caído à porta do meu quarto (C), levantei-me como pude. Sabia que meu irmão estava ferido. Eu vi Euclides atirar em Dinorah pelas costas. Temia, por outro lado, a sorte de dona Anna e dos meninos. Olhando para o corredor (B) tive a impressão de ver Dinorah caído e vi também Euclides, de revólver em punho, movendo agitadamente a cabeça, como que à procura do local de onde partiam os gritos.

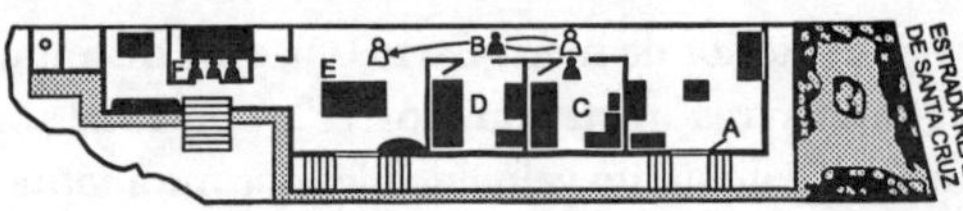

Foi quando apanhei o meu revólver. Desferi o primeiro tiro na direção oposta à em que se encontrava o meu agressor, pois minha intenção era amedrontar Euclides, mostrando-lhe que estava em condições de reagir.

À detonação, Euclides volta pelo corredor (B) em direção à sala de visitas (A).

Contra minha expectativa, Euclides retoma o ataque. Surpreendido, disparo pela segunda vez, sem alvejá-lo. Ele insiste. Disparo pela terceira vez, procurando ainda desarmá-lo, alvejando o seu revólver. Fui infeliz, porém. Num movimento rápido, Euclides levanta a mão, procurando, de novo, alvejar-me. A bala, como depois revelou a autópsia, fere-o no pulso, embora sem desarmá-lo.

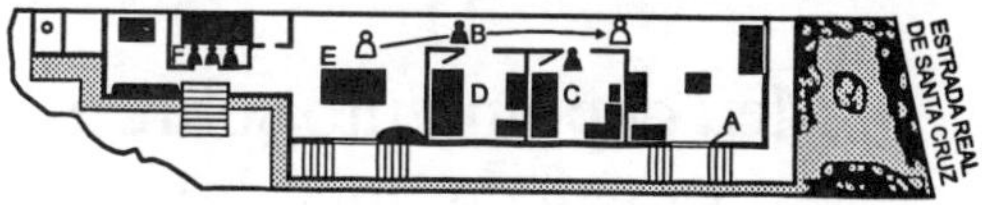

Euclides está agora no início do corredor (B), junto à sala, atirando contra mim, encostado à parede. Digo-lhe ainda:

– Fuja, doutor, que não lhe quero matar!...

Ele não me ouve. Fere-me, mais uma vez. Eu aí também atirei contra Euclides. Este, ainda no corredor (B), recua de costas e desaparece pela sala de visitas (A) afora.

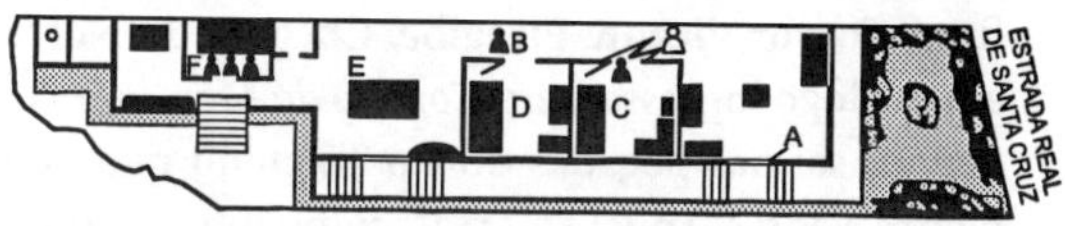

Sigo-o. Precavidamente, temendo uma possível emboscada, penetro na sala de visitas (A). Chego até à porta e vejo Euclides caído, junto à escada, acionando desesperadamente a tecla do gatilho e pronunciando palavras confusas:

– Bandidos... Odeio... Honra...

– No momento da luta – termina Dilermando – é evidente que não sabíamos o número de tiros que havíamos trocado. O sexto tiro de Euclides, veririquei-o depois, feriu-me nas costelas.

Em suma, a autópsia acusou em Euclides os seguintes ferimentos: no flanco direito, no úmero, no pulso e no pulmão direito, *causa mortis*.

Dinorah foi ferido por Euclides na coluna vertebral, junto à nuca. Quanto a mim, de acordo com o exame médico, saí da luta com quatro ferimentos recebidos de frente, na virilha, no pulmão direito, no pulso e sobre uma costela.

11
Meu depoimento sobre a morte de Euclides

Com o título "Um testemunho valioso", o depoimento de Mário Hora, publicado pela primeira vez na revista *Dom Casmurro*, em seu número especial de aniversário, em 1946:

> Naquela época eu era revisor de *Folha do Dia*, matutino fundado por Vicente Piragibe. Chegara do Norte dois anos antes e logo ingressara no *Correio da Manhã*, de onde, meses depois, saí nas pegadas do tio Toletano que, com outros e dentre eles o Manuel Duarte, acompanhara Piragibe na fundação do jornal que seria mais tarde adquirido pelo doutor Fonseca Hermes para a defesa da candidatura do marechal, na famosa Campanha Civilista. Morava na Estrada Real, hoje avenida Dom Hélder Câmara, na primeira de um grupo de pequenas casas alugadas por setenta mil-réis mensais e que está à direita de quem entra de uma casa maior com duas janelas na fachada e vários quartos no seu interior, comunicando-se com um corredor longo, à feição das casas de Aracaju e de Recife.
>
> Da janela da cozinha de minha casa viam-se as janelas do último quarto e da sala de jantar da casa em apreço, onde foram morar, havia três ou quatro meses, dois jovens militares, um alferes-aluno e o outro guarda-marinha – um alourado, de compleição atlética, elegante, militarmente belo; o outro, moreno, mais franzino, de olhos nostálgicos e gestos lentos.
>
> Desde que mudaram para aquela casa, todas as manhãs, o alferes-aluno fazia exercício de tiro ao alvo, armado no fundo do quintal, ao lado do limoeiro. A vizinhança, a princípio, estranhou o tiroteio. Acabou, porém, se habituando. E às tardes, quase sempre, da sala de visitas saíam os

sons de um violino acompanhado por um violão. É que um dos rapazes, o alferes, tocava violão, e o guarda-marinha, violino. Esses moços só eram vistos pelos vizinhos ao entrarem ou saírem da residência. As janelas da frente mantinham-se fechadas. Eles não fizeram relações, mesmo de simples cumprimento, com ninguém, à exceção de mim e de minha família. Foram, certamente, as calças "garances" do alferes que me atraíram para os dois irmãos habitantes solitários do casarão. Eu era órfão, havia três anos, de um oficial do Exército, e vivi minha adolescência dentro de quartéis. Trabalhando na *Folha do Dia* durante a noite e durante o dia em um vespertino há vários anos desaparecido – eu, o mais velho dos seis irmãos para cujo sustento meu pai, com Canudos e Acre no costado, deixara um montepio de 145 cruzeiros –, só tinha de meu os domingos. E, relacionando-me com Dilermando e Dinorah de Assis, os dois irmãos, somente aos domingos passava algumas horas com eles e distraía-me ora a jogar para o alto, em todas as direções, limões verdes para que o Dilermando os acertasse, no ar, com o seu Nagan (ele não perdia um só), ora praticando a esgrima de florete de que eu adquirira rudimentos com os oficiais do 40º Batalhão de Infantaria, em Recife, ora ouvindo-os executar os seus instrumentos. Nunca penetrei no interior da casa, porque nunca fui convidado para isso. Da sala de visitas saía-se ou entrava-se por uma porta lateral e por esse flanco da casa ia-se até o quintal.

Uma manhã de domingo, cerca de dez horas, minha mãe, pela janela da cozinha, viu o Dilermando com o peito ensanguentado e muito pálido. Aflita ela indagou:

– Que foi isso?

– A senhora saberá depois. Chame o Mário.

Tendo chegado do trabalho madrugada feita, eu dormia àquela hora. Minha mãe acordou-me, dizendo-me:

– Meu filho, vá ter com o Dilermando. Ele está todo ensanguentado!

Pulei da cama e corri até a porta da casa. Chuviscava. Dilermando, com o peito coberto de sangue, disse-me:

– Para não morrer atirei num homem. Vá depressa chamar um médico.

Não esperei mais. Daquele ponto à estação da Piedade espichava-se um bom quilômetro, indo-se pela rua Berquió. Fui correndo à estação e embarafustei pela primeira casa com tabuleta de médico que deparei. O doutor acompanhou-me. Penetramos na casa pela porta lateral, vencemos o corredor e, no último quarto, o médico se debruçou sobre um homem tipo de caboclo, cabelos e bigodes negros, com a ampla testa aljofrada de suor e os olhos abertos e fixos vagamente, embora apagados. Depois de um rápido mas detido exame, o médico disse estas duas palavras:

– Está morto.

Volvi os olhos em derredor. E, só então, vi uma mulher de feições satisfeitas, pálida e trêmula que se amparava em Dilermando. Em meio do silêncio em que essa rápida cena se passou, eu escutei o médico perguntar:

– Quem é este homem?

– É o doutor Euclides da Cunha.

Ao ouvir este nome, eu, que na minha profissão de revisor havia lido referências altamente encomiásticas a Euclides, indaguei:

– O dos *Sertões*?

Dilermando acenou com a cabeça afirmativamente e eu notei uma crispação nos lábios do médico.

– Foi o senhor quem o matou?

– Desgraçadamente, doutor, e para não morrer. Veja.

Abrindo a blusa reiuna que vestia, ele mostrou ao médico um ferimento no peito de onde o sangue escorria e, num movimento rápido, arriou as calças e indicou outro, na virilha, também sangrando. Logo acrescentou:

– Meu irmão está também ferido. Eu alvejei a mão do doutor Euclides, a que empunhava o revólver, no intuito de desarmá-lo, e errei o alvo. Ele teve tempo de acertar-me duas vezes, como o senhor vê.

O médico ouviu em silêncio, os olhos pregados no morto, e perguntou:

– Já se comunicou com a polícia?

– Ainda não. O senhor poderá fazê-lo.

O médico se retirou sem mais uma palavra. Ia acompanhá-lo até a saída, quando no primeiro quarto dei com Dinorah caído sobre uma cama, sem pinga de sangue no rosto e como que desacordado. Voltei, atônito, ao quarto dos fundos. A mulher chorava, agora, em fortes soluços, abraçada a Dilermando que apertava contra o peito um pano já encharcado de sangue. E, impressionantemente imóvel, com a palidez da morte no rosto de traços fortes, os braços estendidos ao longo do corpo, Euclides jazia.

A mulher era dona Anna, filha do célebre major Solon, esposa do assassinado.

Dilermando pediu-me para telegrafar ao barão do Rio Branco e a Coelho Neto, comunicando-lhes a morte de Euclides. Na Piedade, não havia, então, agência telegráfica. Fui a Cascadura e expedi os telegramas para o Itamarati e para a rua do Rosa, onde morava Coelho Neto. Quando regressei cerca de uma hora depois, graças à lentidão do "maria-fumaça" em que viajei na ida e na volta (não havia bonde para Cascadura, naquele tempo), e penetrei na casa da tragédia, a polícia ali estava. Fui logo detido e arrolado entre as testemunhas "de vista". Durante quarenta e oito horas de detenção na delegacia o delegado insistiu para que eu declarasse que vira a mulher do assassinado na casa dos irmãos Assis. Mantive firme a negativa porque, realmente, a primeira vez que a vi foi ao penetrar na casa acompanhando o médico. Os jornais e, em particular, *O Paiz*, que exploraram vastamente o crime, insistiam para que o tipógrafo M. Hora fosse apertado. Ele devia saber de tudo pois que era, no local, "a única pessoa que frequentava a casa do criminoso". Uma folha houve que chegou a empregar a expressão "cúmplice". E o delegado tanto "me apertou" que acabou convencido de que o meu depoimento, quase *ipsis litteris* repetido nestas linhas, era a expressão da verdade. E me mandou em paz.

Depois, com o prosseguimento do inquérito, na delegacia, que eu acompanhei até o encerramento, vim a saber de tudo. Naquela trágica manhã, Euclides, abrigado por uma pelerine, batera as palmas à porta da casa onde sabia estar a mulher. Dinorah abriu a janela e o reconheceu. Ele perguntou, já transpondo o portão do jardinzinho fronteiro:

– Dilermando está?

E, recebendo resposta afirmativa, acrescentou:

– Quero falar-lhe.

Dinorah fechou a janela e, já prevendo uma tragédia, disse ao irmão:

– O doutor Euclides está aí e quer falar com você. Como vai ser?

– Vá abrir a porta, mande-o entrar.

A esse tempo, Euclides avançara e se colocara à entrada da porta lateral. Dinorah abriu-a. E mal o fez, Euclides, que já empunhava um pequeno revólver, alvejou-o. E ele deu-lhe as costas e correu. O tiro partiu atingindo-lhe a nuca, e à porta do corredor que dava entrada para a sala o guarda-marinha caiu de bruços. Dilermando, que acabara, minutos antes, o exercício de tiro ao alvo e carregava o Nagan, correu também: e ao penetrar na sala, pulando sobre o irmão caído, Euclides fez o disparo que o atingiu no peito. Desorientado e já ferido, o emérito atirador alvejou a mão de Euclides, que empunhava o revólver e deu ao gatilho. A bala passou, apenas de raspão. Um outro projétil atingiu-lhe a virilha e ele, pela segunda vez, tentou desarmar o autor de *Os sertões*. Euclides caiu pesadamente. E Dilermando, sozinho, com os dois ferimentos sangrando, tomou-o nos braços e o conduziu à cama onde eu e o médico o encontramos já morto.

Reviver aqui o prólogo dessa tragédia que o inquérito pormenorizou seria o mesmo que atirar um punhado de lama na auréola da glória que cerca a figura imensa do gigante que tombou naquela manhã chuvosa – depois de legar ao

Brasil o maior livro da literatura continental – e seria, *a posteriori*, colaborar na defesa do autor forçado de sua morte – defesa lavrada pelo tribunal que o julgou em memorável reunião.

O que hoje, transcorridos tantos anos, eu sinto, em toda essa tragédia, é a mão inexorável do destino armando o braço de um moço perseguido por uma paixão doentia, absorvente e insaciada, contra o homem de quem ele recebera desvelos paternais – contra o gênio que não encontrara no amor conjugal o ramo de loureiro que merecia, mas a coroa de espinhos dos desencantos e das incompatibilidades. Não! Não foi para Camões que Bilac escreveu o verso, fecho sublime daquele soneto:

"O gênio sem ventura e o amor sem brilho."

Méier, janeiro de 1946.

12
Ele chegou para matar ou morrer

A bela Anna nunca conseguiu entender nem amar direito o estranho e difícil homem que era Euclides da Cunha.

Esta afirmativa e outras semelhantes sempre estiveram nos registros históricos que tratam da vida e morte do autor de *Os sertões*. Raras linhas foram escritas no sentido de afirmar que também o genial escritor nunca soube entender e amar a mulher Anna. Os jornais e os biógrafos do famoso escritor estiveram constantemente de acordo com o princípio de que a mulher, no fim do século XIX e início do XX, não tinha direito de exigir o fim de um casamento infeliz, livrar-se do jugo de um homem que não amava e se unir a outro de quem recebia beijos, carinhos, palavras suaves e declarações apaixonadas. Além, evidentemente, de uma união carnal satisfatória. A sociedade brasileira tinha os seus padrões de comportamento e a mulher não podia amar e desejar um divórcio.

Estão em questão os direitos do homem e da mulher, ontem e hoje.

Não só para Judith Ribeiro de Assis e seus irmãos, bem como para amigos, assim se expressou Anna: Euclides pretendia matá-la também.

É oportuno reafirmar que a Justiça no Brasil durante anos decidiu que se podia matar para defender a honra. Soltavam-se criminosos mediante a máxima "em legítima defesa da honra". O Conselho Nacional dos Direitos da Mulher alertava, constantemente, para as consequências de decisões semelhantes: sobre a regra geral "não matarás" facultava-se a exceção: "poderás matar a tua mulher e com este crime resgatar uma suposta honra."

Muitos casos aconteceram no Brasil, quando havia crime passional: os tribunais condenavam as vítimas e absolviam os culpados.

Os tribunais não pairam acima das consciências de uma sociedade. São os reflexos dela. Assim se entende por que Dilermando e Anna foram os condenados da tragédia da Piedade.

– Não aceito esta condenação. Estou aqui para contar a vida de minha mãe e afastar para sempre esta monstruosidade que fizeram com ela – afirma Judith. – E a meu pai, também Justiça. Ele foi absolvido pelos tribunais.

Anna vivia só, em pleno vigor de seus trinta anos, ansiando ardentemente pela felicidade, embalada por seus arroubos românticos. E também por sua personalidade determinada em acreditar que, apesar dos ditames dos costumes, sociais e religiosos, a mulher deveria se apaixonar e ser feliz. Ela acreditou nisso e ignorou simplesmente todas as vontades contrárias.

Até mesmo sua mãe, dona Túlia, escreveu uma carta a dona Adélia, irmã de Euclides, posicionando-se contra a filha:

– Você chora a morte do seu irmão; mas infeliz sou eu que choro por ter trazido ao mundo essa pobre infeliz.

Que acusação se pode lançar sobre S'Anninha? De que foi uma bela mulher e que tenha amado um homem, Dilermando de Assis?

Para a sociedade brasileira isso é um crime. Se, cem anos decorridos dos acontecimentos, certos segmentos de nossa sociedade ainda punem a mulher que ousa abandonar o lar por amor, imagine-se o que sofreu Anna de Assis para se manter fiel aos desígnios de sua paixão?

Um biógrafo de Euclides da Cunha, Paulo Dantas, em seu livro *Euclides, Opus 66*, escreveu estas palavras sobre Anna:

> **Euclides era um geossensitivo, um cerebral, um temperamento telúrico, e não podia nem tinha jeito para amar aquela bela menina da forma como ela queria e desejava.**

Não pode alguém se erguer e julgar Euclides, Anna e Dilermando. Apenas a palavra fatalidade pode cobrir a imagem dessas três pessoas e servir de epitáfio a seus túmulos.

No entanto, o mesmo não se pode dizer de tantos que giraram ao redor da tragédia e deixaram de ser apenas simples espectadores para intervir de forma a acirrar os ânimos e determinar que alguns acontecimentos se sucedessem – não por simples coincidência, mas pela interferência de vontades malignas – e guiassem os passos de Euclides da Cunha naquela manhã de 15 de agosto de 1909.

O general Cândido Rondon, que conviveu com o escritor na mocidade, deu este depoimento para *Dom Casmurro*, número especial de aniversário, em 1946:

> Ele mesmo disse de si, que a sua preocupação constante era de se sentir nobre a seus próprios olhos. Isso posto, que ato deixaria ele de praticar desde que o julgasse necessário para se livrar do risco de poder ser acusado de uma fraqueza ou de uma transigência com seus princípios?

Bem sabemos que ele não aceitou que os seus ideais republicanos fossem humilhados pelos monarquistas.

Na noite de sábado, 14 de agosto, Euclides, em vista da ausência da mulher em casa, afirmou:

– Amanhã hei de pôr tudo em pratos limpos!

Era um domingo chuvoso. Euclides saiu de sua residência, à rua Nossa Senhora de Copacabana, 324, e se dirigiu à rua Mena Barreto, onde morava a tia Carolina e seus dois primos, Arnaldo e Nestor.

Sylvio Rabello, também biógrafo do autor de *Os sertões*, conta esta passagem:

> Visita tão matinal exigia uma explicação. Euclides deu-a simplesmente:
>
> – Anda lá por perto um cão hidrófobo que me tem inquietado. Vocês não dispõem de um revólver?...
>
> Os primos tentaram conversar. Lembrou Nestor que aquele dia era o aniversário da morte do seu pai, tio de Euclides.
>
> – Do tio Antônio? Que coincidência...

De duas armas mostradas pelos primos, Euclides escolheu um revólver Smith and Wesson, calibre 22, e saiu rumo à Central do Brasil.

Levava consigo a intenção de lavar com sangue a sua honra.

Ele havia enviado, na noite anterior, o filho Solon para o endereço em que morava Dilermando, com a incumbência de trazer a mãe de volta.

Enquanto Solon se encaminhava de Copacabana para Piedade, o irmão de Dilermando, Dinorah de Assis, fazia o trajeto inverso.

Anna temia retornar à sua casa. Ela se apavorou com o desespero e desvarios assustadores de Euclides da Cunha quando ele soube da viagem da esposa para a Itália, na terça-feira. Anna fugiu aos movimentos insanos do marido e seguiu para a casa da mãe, em São Cristóvão. Euclides foi buscá-la. Discutiram. Ele queria a sua volta ao lar, a reconciliação, ao mesmo tempo que, entre ameaças e imprecações, considerava-a adúltera e indigna de permanecer ao lado dos filhos.

A mulher recusou-se a acompanhá-lo, e Euclides retirou-se, possesso, perturbado.

Anna combinou os detalhes da viagem com a irmã e se decidiu por refugiar-se em Piedade. Ela estava certa de que Euclides voltaria à casa da sogra. E de fato isso ocorreu. Ao estar com dona Túlia, Euclides descobriu que Anna se encontrava em Piedade. Regressou a Copacabana e enviou o filho com a missão de trazer a mãe para casa.

Anna notava a exacerbação de Euclides, tentando convencê-la a cancelar a viagem, e, mais ainda, demovê-la da ideia de separação. Ouviu o filho Solon e não quis sair de Piedade. Pediu-lhe que aguardasse o regresso de Dinorah. Este foi a Copacabana com o objetivo de sondar o ambiente, conversar com o escritor e perceber-lhe o estado de ânimo.

Dinorah nem entrou na casa do escritor. Ao ouvir alguns gritos alucinados de Euclides da Cunha, xingando e amaldiçoando a mulher, voltou assustado ao subúrbio. Deixou Anna mais apreensiva ainda. Mesmo assim, ela prometeu ao filho Solon que retornaria com ele no dia seguinte para casa. A noite de sábado era feia, muita chuva e frio, e aconselhava cuidados. Solon aceitou permanecer ao lado da mãe. Ele só não quis dormir no interior da casa, ajeitando-se num cômodo dos fundos.

Uma vaga sensação levava Anna a supor que o marido partiria para atitudes e passos inverossímeis. E ela tinha razão.

Para Euclides, tudo teria de ser colocado em ordem, era preciso botar tudo em pratos limpos. Ele não sabia o endereço do rival, apenas tinha certeza de que a mulher estaria em uma casa da Estrada Real de Santa Cruz. Saberia encontrar os seus algozes indagando pela rua afora sobre a moradia de dois militares – um, do Exército, o outro, da Marinha –, os irmãos Dilermando e Dinorah de Assis.

Quando o trem parou na estação Piedade, Euclides desceu com uma convicção:

– Ou mato ou morro. Não há alternativa nessa altura dos acontecimentos.

O historiador Paulo Dantas conta assim as ocorrências seguintes:

> **Desceu na plataforma, sob o sortilégio da palavra. Piedade, Deus haveria de ter dele, que, nessas alturas, já não sabia mais o que estava fazendo. Completamente alucinado, encaminhou-se para a Estrada Real de Santa Cruz.**
>
> **Humilde, perguntava, de venda em venda, onde moravam dois cadetes, um do Exército e outro da Marinha. Na terceira venda, o dono indicou:**
>
> **– É logo ali, naquele chalé...**
>
> **Diante do portão, em frente ao jardim, seu coração estremeceu mais uma vez. Tocou a campainha, batendo palmas logo em seguida.**
>
> **Dinorah, o irmão mais moço de Dilermando, chegou à janela. Emocionado, viu que o grande escritor, promovido recente, num concurso, a professor de lógica no ginásio Pedro II, queria entrar, de qualquer jeito. Nem notou como ele estava visivelmente nervoso e tremia.**
>
> **Desceu e veio abrir o portão.**
>
> **– Entre, doutor...**

E ele chegou para matar ou morrer.

De uma carta do próprio Euclides ao poeta Vicente de Carvalho, o historiador Paulo Dantas destaca este trecho:

> Quem definirá um dia essa maldade obscura e inconsciente das causas, que inspirou aos gregos a concepção indecisa de Fatalidade? Às vezes julgo necessário um Newton na ordem moral para fixar numa fórmula formidável o curso inflexível da contrariedade.

13
Um coração de mulher não se devassa com palavras e razões

Se, nos dias subsequentes à manhã de 15 de agosto de 1909, as páginas policiais e sensacionalistas dos jornais se ocuparam dos acontecimentos narrando *a tragédia da Piedade*, posteriormente o tema mereceu inclusive espaço em editoriais. A imprensa acompanhou os trâmites legais para o julgamento do tenente Dilermando de Assis e tentou influenciar a opinião pública contra o militar. A tragédia da Piedade se misturou à Campanha Civilista. O jornalista Ângelo Cibela, no jornal *Gazeta da Tarde*, de Rio Grande, em 14 de agosto de 1914, registra o assunto:

> A paixão política espouca para todos os lados. Como uma derivação natural do ambiente de então, a opinião pública desfere contra Dilermando todo o peso de sua carga. Os civilistas encontram ensandras no caso para todas as explorações.

Os jornais negam-se a publicar qualquer artigo, existindo palavras textuais com referência a isso, como "contra o tenente Dilermando, tudo; a favor, nada", e mais: "Nem que o senhor nos pague contos de réis..."

Como se deduz, nesse ambiente tremendo, Dilermando de Assis vai a júri, tendo, como advogado, Evaristo de Morais. É absolvido.

A campanha dos jornais contra Dilermando de Assis assumiu tal grau de contundência e destilou tantos equívocos que seu advogado, Evaristo de Morais, se viu forçado a publicar um repto através do *Correio da Manhã*, em 7 de maio de 1911, nunca respondido nem contestado em seus fundamentos.

O CASO DILERMANDO

Eu não discuto nem argumento, quando, afinal, consigo um resultado na justiça.

Toda gente sabe que eu nunca forneci discursos forenses aos jornais; que eu nunca redigi notícias dos meus aparentes triunfos; que eu jamais solicitei a réclame da fraquíssima e humilde advocacia que venho exercendo há dezoito anos, sem grandes lucros, em favor de representantes de todas as classes sociais, desde almirantes e generais até soldados, desde capitalistas e homens diplomados até simples proletários, e quase mendigos.

Pois bem; neste caso famoso de Dilermando, no qual entrei a contragosto no princípio, sou forçado a dizer, acerca da minha defesa perante ao júri o que me impõe o dever de patrono e a convicção de jurista, ainda crente nas virtudes – um dia afirmadas, no outro negadas – do tribunal do povo.

E é isto, que vale por verdadeiro e solene repto: se, na imprensa, alguém, direta ou indiretamente, apresentar a prova de ter sido Dilermando Cândido de Assis – atual aspirante a oficial – ajudado, protegido, auxiliado por Euclides da Cunha; se alguém, com responsabilidade de um nome digno, demonstrar que Dilermando feriu atirando de revólver o mesmo grande escritor pelas costas; se alguém sustentar, a sério, que um homem de talento e excepcionalmente ilustrado pode acreditar na própria paternidade de um filho nascido a termo estando junto à esposa desde 6 meses antes; se alguém ousar defender a teoria da tolerância dos maridos complacentes ao ponto de suportarem filhos alheios no lar doméstico; se alguém, ABRINDO OS AUTOS DO PROCESSO, apresentar uma só página contrária às afirmações de Dilermando, quando, ferido, alegava ter agido em legítima defesa – eu, pelo fundado amor que dedico à minha santa mãe, me comprometo a abandonar a causa.

Não posso, não devo, não quero, entretanto, recuar no caminho que estou trilhando, convicto de me haver empenhado em uma defesa justa. Venho à imprensa provocado pelos amigos e admiradores da ilustre vítima.

Eles são literatos, são notáveis manejadores da pena, são, na sua maioria, dominadores da imprensa. Eis aí, com este meu repto, uma ocasião azada de patentearem a justeza da perseguição movida ao acusado, deixando fora de dúvida sensata:

1º Que Dilermando Cândido de Assis fora protegido, criado, alimentado, educado por Euclides da Cunha;

2º Que ele o conhecera familiarmente antes de haver a lamentável união adulterina de que lhe resultou a atual desgraça;

3º Que Euclides não desconfiara da paternidade que a custo se lhe atribuía de um filho, por nome Mauro, falecido após sete dias de nascido;

4º Que o mesmo excelso e inditoso escritor – cuja glória constitui toda uma riqueza nacional – não dissera a amigos que o seu último, suposto filho, comparado com os demais, parecia "uma espiga de milho no meio de um cafezal"; que Dilermando não era e não é um militar brioso, cumpridor dos seus deveres profissionais, amado dos seus chefes e respeitado de seus companheiros.

> Bem se deve compreender que eu não lanço repto apaixonado nem faço desafio para armar ao efeito.
>
> Dilermando FOI – a contragosto dos seus acusadores públicos e privados – ABSOLVIDO.
>
> Ninguém, falando juridicamente, tem o direito de aventurar o resultado da apelação. A situação é, como se vê, de perfeita calma, de indiferença absoluta por meu lado...
>
> Qualquer prova concludente e convincente virá a tempo; robustecerá a acusação fortíssima dos jornais; tornará impossível a defesa de EVARISTO DE MORAIS.

O jornal *O Tempo*, de Manaus, destacando a campanha movida contra Dilermando de Assis envolvendo Anna, opinou desta forma:

> Toda essa deplorável tragédia não passaria de um fato banal – da mulher que engana o marido – se o autor de *Os sertões* não fosse um instrumento passivo de uma campanha política difamatória contra o Exército provocando luta de classe, explorada pela soberba velhacaria dos magnatas da política.

Dilermando de Assis foi absolvido e posto em liberdade a 5 de maio de 1911.

Se ele recebeu por parte da imprensa uma sistemática campanha difamatória, o que se disse de Anna? Tudo que se possa dizer para caluniar, diminuir e difamar uma mulher. E adiantaria ela sair de seu silêncio para enfrentar hostes poderosas, machistas e preconceituosas? Os seus argumentos iriam de encontro às leis dos homens e da sociedade conservadora, puritana e inflexível daquela época.

Um coração de mulher não pode ser devassado com palavras, argumentos e razões. Ela esperou a absolvição de Dilermando de Assis em silêncio, não teve sequer o apoio de seus familiares, evidentemente preocupados em não ter o nome importante do marechal Solon Ribeiro enxovalhado pelo escândalo. Os seus filhos lhe foram retirados pelos familiares de Euclides da Cunha. Só, desamparada, com o filho Luiz, apenas uma criança, nascida da união com Dilermando, ela pacientemente aguardou o resultado do julgamento de seu futuro marido. Não concedeu entrevistas, não participou das cenas minuciosamente descritas pela imprensa das reuniões de júri.

Deixou um breve e definitivo testemunho:

– Eu não errei. Eu amei.

14
Pedido de casamento em bilhete de 2-10-1909

Até a absolvição de Dilermando de Assis, S'Anninha sofrerá, além das angústias das incertezas, implacável perseguição por parte de muitos que a rodeavam. Tudo começou naquela mesma manhã de 15 de agosto, e ela não teve respeitadas as suas dores, as dores de quem sabia ser vítima de uma desgraça.

Não só a polícia invadiu a casa dos jovens militares, mas também curiosos, repórteres e amigos de Euclides e dos donos da casa.

O cadáver de Euclides da Cunha foi encaminhado ao necrotério público da cidade. Os irmãos feridos foram hospitalizados. A casa ficou sob a guarda da polícia. Solon se retirou para a companhia de seus dois irmãos, Euclides Filho e Manoel Afonso, juntando-se a seus familiares por parte de pai.

Anna caminha pela Estrada Real de Santa Cruz e leva sua criança de quase dois anos no colo. Além do filho, apenas uma trouxa de roupas. É uma tarde fria de domingo. A mesma chuva de sábado, da madrugada e da manhã, molha o chão mansamente, muito mais uma garoa. Ela chega até a estação da Piedade e espera o mesmo trem que trouxe aquele homem para dar sete tiros e, loucamente, desgraçar o seu destino e seus sonhos de felicidade. Um homem não tem o direito de determinar os rumos de uma paixão de mulher.

Quando Anna embarca naquele trem suburbano, não tem uma direção estabelecida, não sabe em que porta bater e pedir abrigo. Leva em seu íntimo a resolução de tudo suportar e a tudo enfrentar em defesa daquela criança em seus braços, e, se o seu jovem amante sobrevivesse, partir também em sua defesa e esperar por um dia de felicidade a seu lado.

S'Anninha não conseguiu permanecer na casa de sua mãe em São Cristóvão. Para onde se voltava, deparava com acusações e era julgada como a principal culpada pela morte do mais famoso escritor brasileiro. Seu desespero e a incerteza pelo estado de saúde de Dilermando de Assis não valiam peso algum na balança torta dos primeiros acusadores. Apenas uma amiga lhe estendeu os braços e deu muito mais que carinho e apoio espiritual, abriu-lhe a casa e escondeu-a. Longe de curiosos, perguntas e acusações, num quarto de sua casa, Nair de Teffé protegeu-a durante a primeira semana após o domingo trágico. E quando Anna precisou comparecer à delegacia de polícia, buscar os seus haveres em sua residência, escolher o seu novo caminho e se comunicar com Dilermando de Assis, ainda recebeu de Nair de Teffé dez mil-réis para as eventuais despesas.

Nair de Teffé, nessa época, colaborava na revista *Fon-Fon!*, como caricaturista, assinando *Rian*, e figura, hoje, com grande destaque, na história da caricatura no Brasil. Era filha caçula dos barões de Teffé e personagem proeminente da alta sociedade brasileira, tornando-se primeira dama do país ao casar-se com o marechal Hermes da Fonseca, presidente do Brasil de 1910 a 1914.

Além de dinheiro e proteção, Nair de Teffé emprestou a Anna de Assis uma decidida solidariedade de mulher.

S'Anninha precisaria mesmo desse apoio. Teve de enfrentar muitas dificuldades para não se abater e se deixar guiar por mãos traiçoeiras.

Somente no final de agosto ela recebeu a primeira mensagem de Dilermando de Assis.

> H.C. E. 29-VIII-09
> Querida S'Anninha,
>
> Se é grande a dor que agora me aflige mais ainda é o meu amor por ti. Longe, sem te ouvir, a minha vida é um desespero que não tem alívio, que não tem fim. As saudades são muitas e o teu sofrimento, as infâmias que desgraçados e espíritos miseráveis procuram lançar sobre ti, muito me revoltam, pondo-me num estado de revolta horroroso. Quisera ver-te, ver ao nosso querido Luiz, e então os meus padecimentos se dissipariam incontinente, mas, não é possível, não? Pois bem, ao menos, manda-me uma palavra de conforto, manda me dizer que ainda me amas e todas as minhas lágrimas se secarão. Assim, coragem, não te amofines que eu, ainda que nas galés, sempre serei teu, nunca a tua imagem se apagará de meu coração.
>
> Sirvam-te de conforto as infâmias e as ofensas que sabes nunca pesam. A tudo suporto em tua memória e a ti ofereço esta dor. Não quero, e este é o meu maior lenitivo, que suponhas que eu não padeço também. Coragem!
> Dilermando

Os dias transcorrem tumultuados. Enquanto Dilermando ainda se recupera de seus ferimentos no Hospital Central do Exército, os jornais apenas relembram a tragédia através de depoimentos dúbios, entrevistas maldosas e sistemática campanha visando a condenação do "criminoso" no momento do julgamento. Advogados e familiares de Euclides da Cunha também se movimentam procurando cercar "os culpados", Dilermando e Anna. De tal forma os planos avançam que o casal apaixonado raramente se pode encontrar. Dilermando recebe alta no hospital e é transferido para o 1º Regimento de Artilharia, onde, preso, aguardará o seu julgamento. Os encontros com S'Anninha prosseguem, com raridade e os mais diversos empecilhos. Eles são de tal ordem que, em certas ocasiões, para se comunicarem, têm de se valer de cartas clandestinas e emissários amigos. A seguir, algumas cartas de Dilermando para S'Anninha.

29-IX-1909
Minha Eulina,

Ando muito bem informado e não me deixo iludir. Estou ciente também de tudo que por aí se passa. Acho muito conveniente seguires os meus conselhos, pois só os dou com grande convicção e certeza. Tenho, para agir, para dar, para verificar, a idoneidade das pessoas que me procuram uma grande *guarda avançada*, ao passo que tu não tens ninguém, senão o teu espírito vacilante manobrado convenientemente e astutamente por essa víbora que aí anda farejando, por essa ave de rapina que aí estendeu as suas negras asas, pretendendo-te, a fim de satisfazer o seu bem formulado plano de descobrir tesouros, desse teu futuro marido a quem te entregas de pés e mãos, a esse mesmo que já foi procurar o meu advogado tentando desorientá-lo, tentando a minha condenação a fim de destruir o único empecilho, forte, sólido, aos meus infames desígnios, a esse cujo conhecimento e tamanha intimidade hás de chorar ainda. Não sou nenhum bobo, não me deixo guiar senão por meu espírito que, felizmente, está mais

lúcido que o teu, ninguém me desvia da verdade e sei como devo agir. O que te ordeno, se é que ainda me amas, se é que ainda és minha esposa, se é que reconheces como nosso sangue esse pequeno mártir que por aí devaneia, é o que deves fazer. Muito espírito há interessado em, por mentiras e calúnias, banir-me de teu espírito, a fim de conseguirem o que sem esse resultado não obteriam. Cuidado!... Sentido! Tu estás sendo roubada, enganada!... Não duvides de mim. Lembra-te que quem quiser me defender, defender-te-á também. Quero que te abras francamente ao Evaristo; não o receies. Ele é sério, é meu defensor. Deves sair daí dessa casa o mais depressa possível. Estás cercada de amigos que por minha intervenção te procuram. Não duvides deles enquanto te não mentirem. Vem cá, e eu te falarei. Vem à tarde, à noite e te mostrarei clara e patentemente a nossa situação. Sabes que sou o teu marido e desde há muito. Mais do que nunca o sou agora que a nossa situação nos atrai. Não te deixes levar por falsas afirmações que só têm um fim – explorar-te! Cuidado!... Atendes-me? Sou teu, sou o teu marido. Juro-o pela memória dos mortos e por ela peço-te que me ouças e não duvides de teu

Dilermando de Assis

Recebi os livros que têm o *perfume* do Império. Recebi os conselhos e as lágrimas, as flores que me mandaste, no momento em que choro.

Ah! Será possível?!...

O correio viola as cartas que me são dirigidas, por isso previno-te de que não me escrevas por essa repartição.

Expulsa de perto de ti essas águias.

Expulsa esse explorador, até de tua honra, se queres ser do teu

D.

1º Regimento de Artilharia
2-X-1909

S'Anninha

Seja esta testemunha de teu bom estado de espírito e de corpo, em companhia dos nossos amigos e protetores, a que tanto devemos. Tenho estado com imensas saudades. É uma infelicidade – quanto mais te vejo, mais te quero ver, mais se me despertam as saudades, as dores da ausência. Esperei que viesses ontem, entretanto, como tal se não desse, esperar-te-ei hoje, sim?

6-X-1909

Quanta satisfação acabo de experimentar com a leitura de tua cartinha. Sinto-me tão teu que me custa crer nesta ingrata separação. Agrada-me também esta prova de lembrança e de cuidado que tens comigo que me sinto orgulhoso possuindo-a. Experimento mesmo um saboroso deleite que me invade a alma, à proporção que as tuas palavras me envolvem o coração, tamanha, tão poderoso que se me afigura uma ascensão aos píncaros da glória. Reconheço-te, que tenho-te como esposa, é difícil duvidar, pois só uma legítima consorte poderá assim inundar de prazeres e consolações a alma angustiada de um proscrito.

Manda sempre notícias. Pelo correio não.

1º Regimento de Artilharia Montada
21-V-1910

S'Anninha

Continuo passando mal de saúde, conquanto quase bem de alma. Gozo muito por saber que estás melhor em tuas condições domésticas, cercada de mais um pouco de conforto material. Deve ter chegado, ou está prestes a isso, aí, a encomenda que fiz de um colchão e travesseiro para a tua e para a cama do Luiz. Manda me dizer se precisas de mais dinheiro e quanto gastaste ontem. Compraste roupas para ti? Manda o Luiz dar um passeio de dez mil metros até aqui. Quero vê-lo, quero mostrá-lo, bem limpinho, bem vestidinho, risonho – manda-o. Tenho nisso tamanho prazer como em estar a teu lado. O que eu sinto, e que me perguntaste maliciosamente se era remorso, é nada mais nada menos que meu desarranjo orgânico natural em minha organização sempre afeita ao movimento e ao exercício. Tu, mais ninguém, avalias o meu padecer. Ninguém se lembra da péssima alimentação, que tu conheces, de que faço uso diariamente, a fim de fazer economias. Ora, eu não estou habituado a passar assim tão mal. Daí as dores de cabeça, as febres, as tonturas e todos os males que me flagelam, além da minha constante anormalidade fisiológica. Ninguém avalia que tudo isso me persegue, e me persegue há mais de nove meses insistentemente. Já estou fatigado, deveras aborrecido. A provação é grande demais e já basta.

O estrado só poderá estar pronto, como te disse, depois de segunda-feira, por toda a próxima semana. Não deixes de mandar o Luiz já. Estou com tanta saudade dele!...

Compraste-lhe um chapeuzinho novo?

Neste momento acaba de chegar o Luiz. Está uma beleza. Todos admiram-no.

Não posso continuar. Adeus. Abraça-te

Dilermando

Mando-lhe o Luiz já, pois não quero que ele se suje por aqui.

Todas as cartas enviadas por Dilermando de Assis foram guardadas por S'Anninha e entregues por ela à filha Judith. Mas um bilhete mereceu sempre um desvelo especial. Este:

1º Regimento de Artilharia
2-X-1909

S'Anninha

Sabe que sou um condenado, um proscrito da sociedade, do mundo, porém que sou inocente, pois não?

Reconhecendo o mal que lhe fiz, pretendo recuperá-lo, oferecendo-lhe o meu nome.

Aceita-o? Espero breve resposta que, uma vez positiva, me fará seu marido.

Assim que me veja livre da iniquidade dos meus algozes, tornaremos então oficial o enlace que lhe proponho.

Sem mais, sou o grato amigo
Obdo. Dilermando C. de Assis

A resposta foi sim.

Dilermando ficou preso até 5 de maio de 1911, quando foi absolvido e posto em liberdade. Decorridos sete dias, a 12 de maio, ele se casava com S'Anninha.

E as cartas, os bilhetes, daquela época, e alguns futuros, seriam todos passados por Anna à filha Judith com a recomendação:

– Minha filha, esta é a herança de um amor.

15
Surge uma nuvem sangrenta

Em março de 1912, Dilermando de Assis presenteava a mulher com a obra *A mulher médica de sua casa – Livro de higiene e medicina familiar*, da doutora Anna Ficher-Duckelmann, publicação da Antiga Casa Bertrand-Livraria Editora, Lisboa, 1907.

Escreveu esta dedicatória:

A minha amiga e esposa S'Anninha, com um abraço ofereço
Dilermando de Assis
S. João D'El-Rei, Março 912

Usou as páginas brancas do início do livro para os seguintes registros:

Veio ao mundo meu filhinho Luiz na Capital Federal – rua Humaitá, nº 67, em 16 de novembro de 1907, às oito horas e vinte minutos da noite. Assistiu-o a doutora Ermelinda Leão.

Surgiu meu filhinho João Cândido na Capital Federal – avenida Pedro Ivo, nº 117, em 1º de agosto de 1910, às seis horas e quarenta minutos da manhã. Assistiu-o Mme. Maria Mercedes.

Nasceu minha filhinha Laura em São João D'El-Rei – Largo da Câmara, nº 20, em 30 de março de 1912, às três horas e trinta minutos da tarde. Assistiu-a o doutor Francisco Catão.

Viu a luz minha filhinha Judith em São Luiz Gonzaga de Missões – Rio Grande do Sul – Praça da Matriz, defronte a esta, em 14 de setembro de 1913, à meia-noite e vinte minutos. Assistiu-a doutor Antônio Gonçalves Moreira.

Despontou meu filhinho Carlos Frederico na Capital Federal – rua Figueira de Mello, nº 251, em 29 de outubro de 1914, às dezoito horas. Assistiu-o a parteira Mme. Philomena.

Faleceu este relicário de aladas esperanças, anjo de doce fulgor e ninho de tantos afetos, às duas horas e vinte minutos do nefasto 16 de março de 1915, sendo momentos antes batizado pelo reverendo Séves (Ricardino), tendo como padrinho o amigo José Rodrigues de Carvalho e sua irmãzinha Laura, tudo à rua Frabick, nº 66, em São Cristóvão. Que vele por nós.

A 30 de junho de 1916, às quinze horas e trinta minutos, passou aos viventes meu filhinho Frederico Guilherme, na

Fazenda José Maria (dos Macacos), Realengo. Assistiu-o Mme. Maria das Dores. Quatro dias depois, isto é, a 4 de julho, fui gravemente ferido, baixando a H. G. do Exército.

A 11 de julho de 1906 nasceu o menino Mauro, que morreu com sete dias de vida. Foi registrado como filho de Euclides da Cunha.

Logo após seu casamento, Anna de Assis tem um de seus desejos concretizado: mudar-se do Rio de Janeiro. O marido é designado para servir no 51º B. C., em São João Del Rei, Minas Gerais. Nessa cidade ele permanecerá até 3 de maio de 1913, quando é obrigado a retornar ao Rio para comparecer a nova sessão de julgamento pela morte de Euclides da Cunha.

O jornal *Folha do Dia* registra o acontecimento na forma habitual: insultuosa.

> Mais uma vez, compareceu, ontem, à barra do júri, Dilermando de Assis, o assassino de Euclides da Cunha. Mais uma vez ainda ficou adiado esse julgamento tão imperiosamente reclamado pela voz pública, para satisfação da sociedade de um delito monstruoso. A falta de alguns jurados deu motivo a mais esse adiamento. Lá esteve o réu entretanto, audacioso e cínico, a cuspir os seus olhares de escárnio sobre a multidão que o espreitava como um ente desprezível e asqueroso.

A campanha contra Dilermando, envolvendo a sua mulher, nunca arrefeceu. Foi sempre tão sistemática e cruel que eventualmente surgiam artigos em jornais das províncias em defesa de um e de outro. Um jornal do interior paulista publicou uma nota paga e anônima.

> A esposa de Euclides da Cunha era, em Lorena, mãe extremosa e desvelada, que seguia com carinho e solicitude a educação dos filhos e frequentava com assiduidade os atos de

devoção na capela do próprio colégio de S. Joaquim, hoje Santuário de S. Benedito. Grata memória o padre conserva de um gesto dela. Quando, em 1903, faleceu no isolamento de Guaratinguetá, vitimado por febre amarela, o padre José Fausoni, então diretor do Colégio de S. Joaquim, as autoridades sanitárias não permitiram que fosse o seu cadáver removido para Lorena, nem mesmo sepultado no cemitério de Guaratinguetá. Teve de ser enterrado nos próprios terrenos do Isolamento, pelo receio de transmissão de febre amarela. Pois foi dona Anna da Cunha que, piedosamente, providenciou a colocação de uma lápide de mármore sobre essa triste sepultura do bondoso sacerdote e manteve, enquanto residia em Lorena, o cuidado de sempre a trazer zelada e florida. Cuidado de que depois se incumbiu o doutor Gama Rodrigues, até que os anos decorridos permitiram a transladação de seus ossos para o cemitério de Lorena, onde aguardam a ressurreição.

Adiado o julgamento, Dilermando de Assis é designado para servir, já como segundo-tenente, no Q. G. da 1ª Brigada de Cavalaria, em São Luiz das Missões, no Rio Grande do Sul. Lá ficará até ser transferido novamente para o Rio de Janeiro e ir a segundo julgamento em junho de 1914. Confirmada a sentença de absolvição, Anna de Assis vê de perto sua esperança de uma vida regular e normal ao lado de seu marido, que lhe devota atenção e amor. Em 1915, ela está com quarenta anos, ele, com vinte e sete. Nesse ano, ela perderá dois filhos: o caçula, Carlos Frederico, nascido a 29 de outubro de 1914, e o primogênito, Solon, misteriosamente assassinado no Amazonas, onde trabalhava. Ela ainda ficará grávida mais uma vez, nascendo Frederico Guilherme a 30 de junho de 1916.

Nessa ocasião, Dilermando de Assis encontra-se matriculado no curso de engenharia e recebe louvores pelos importantíssimos serviços prestados ao 5º R. C.

O casal reside na Fazenda dos Macacos, em Realengo. A casa abriga, além dos filhos Luiz, João Cândido, Laura, Judith e o recém-nascido Frederico, o caçula de Anna e Euclides, Manoel Afonso.

Na noite de 3 de julho, sobressaltada, S'Anninha chama pelo marido e reclama de barulho ouvido nas imediações da casa. Por ser um local ermo, ela julga que estão sendo assaltados. Dilermando abre a janela, vasculha a escuridão e faz dois disparos. Os tiros acordam todas as crianças e aquela noite está marcada pela agitação e pelo medo.

Ninguém poderia supor que o dia 4 de julho seria vivido com maiores e terríveis transtornos.

Anna de Assis está no leito, enfraquecida pelo parto recente e frágil como uma doente. Assim ela vê a sua casa invadida por amigos e recebe as piores notícias de sua vida. O seu filho Quidinho está morto, o seu marido gravemente ferido.

Apesar de sua fraqueza e superando algumas dores físicas, Anna de Assis foge da cama e corre desesperada por toda a casa. Tentam contê-la. Em vão. Através de gritos desvairados, ela busca explicação para a nova tragédia de sua vida. E para mãe nenhuma haveria pior. Um filho morto pelo próprio marido, o homem de sua vida.

Os filhos, pequenos e infelizes, percebem a mãe aflita, correndo como louca pela casa, vestida num enorme camisolão branco, os cabelos longos, que iam até o chão, revoltos e despenteados, criando uma imagem mais forte de dor e alucinação. Os amigos tentam consolá-la. Saem e regressam com novas informações que possam tranquilizá-la. Impossível. Tudo, naquele momento, é muito confuso e truncado. Ela apenas tem certeza da morte do filho. E quem atirou foi o próprio marido. Busca um papel velho e rabisca algumas palavras, acrescentando outras alguns dias depois:

Miserável!

Evita te encontrares comigo aqui dentro desta casa maldita – até que eu tenha meios para abandoná-la.

Eu juro-te por meus pais e filhos que hoje sinto por ti o mais horrível ódio.

Realengo Fazenda dos Macacos

Anna

Esse juramento foi feito no dia em que um miserável tirou a vida de meu filho Euclides, desde esse dia que sua imagem é para mim uma nuvem sangrenta!

16
Declarações prestadas por Dilermando ao conselho de investigação

A 28 de julho de 1916, no Hospital Central do Exército, Dilermando de Assis,

Inquirido, respondeu que no dia 4 do corrente, aproximadamente às treze horas, chegando ao cartório do 2º Ofício da 1ª Vara de Órfãos, dirigiu-se ao escrevente Meilhac e, inquirindo-o sobre que decisão havia por parte do Juiz respectivo a propósito da tutoria do menor Manoel Afonso Cunha, visto o senhor General Dantas Barreto, pessoa inculcada pelo indiciado para exercer aquela função, não a ter podido assumir, – respondeu aquele escrevente que, além do despacho mandando permanecer o menor em casa de sua mãe, só havia novas declarações de Nestor da Cunha, declarações estas que, ato contínuo, apresentou ao indiciado sem que este as solicitasse;

que, perguntando ao mesmo escrevente se lhe era permitido tomar conhecimento das referidas declarações, como este lhe respondesse afirmativamente, descansando o braço esquerdo sobre o corrimão da grade que divide em duas partes o pavimento onde funciona o cartório, conservando-se de pé e mantendo a linha de seus ombros numa certa inclinação aproximadamente paralela à diagonal da parte anterior da sala e, segurando com a mão esquerda os papéis que lhe foram apresentados, iniciou sua leitura;

que ainda não havia lido quinze linhas quando, ouvindo uma detonação por trás de si, sentiu-se ferido, por isso que suas pernas fraquejaram, a vista se lhe turvou e grande mal-estar interno se manifestou;

que, voltando-se para a direita, viu recuando um vulto trajado de escuro e notou brilharem, pendentes da cintura, alguns metais, coligindo daí tratar-se de um aspirante de Marinha;

que, apesar de não ter distinguido o seu rosto, presumiu tratar-se do aspirante Euclides da Cunha Filho: era o único aspirante da Marinha que podia tentar contra sua existência, dados os precedentes já remotos deste epílogo;

que, sendo a sua posição muito crítica, pois achava-se como que encurralado, cercado entre a aludida grade à frente, vão de uma escada e parede lateral à esquerda, uma mobília à retaguarda e seu agressor à direita, portanto muito à feição para ser plenamente sacrificado e, além de tudo isso, lembrando-se que se tratava de um filho de sua esposa, o que quer dizer, um irmão de seus próprios filhos – levado por estas considerações e acreditando não haver nisso sacrifício de seu pundonor, procurou retirar-se, afastando as peças do mobiliário e dirigindo-se para a porta da rua a passos rápidos, sem, no entanto, correr, pois era esse o único caminho que lhe ficava à mercê para esquivar-se à agressão, na esperança de que, tantos homens havendo naquele recinto, algum se interpusesse e evitasse a consumação do atentado;

que, entretanto, percebeu que todos ou quase todos corriam fugindo e o seu agressor continuava a disparar sua arma e feri-lo;

que ainda pelas costas fora alvejado, razão porque, sentindo-se já bem mal e esgotadas as esperanças de socorro, quer por parte da força pública, quer das pessoas presentes, e conhecendo a iminência do perigo em que estava sua vida e refletindo em que não podia mais prolongar aquela esquivança para o seu nome militar, pois não lhe podia ser exigido correr, o que revelaria pusilanimidade incompatível com a farda e corresponderia à sua morte moral, ao pleno desdoiro e quebra de seu brio, reconheceu a necessidade de agir por suas mãos no sentido de evitar continuação do ataque;

que nestas condições, já com o braço direito enfraquecido, mesmo caminhando procurou tirar do bolso traseiro de suas calças o revólver Smith and Wesson, calibre 32, de sua propriedade e que consigo trazia;

que, dados os ferimentos já recebidos, o seu estado de fraqueza consequente, e a grande emoção devida à surpresa da agressão, foi a custo que logrou empunhar sua arma;

que não percebeu ter chegado a sair à porta do cartório, mas lhe parece inverossimilhante ter ido até ao meio da rua;

que, no entanto, ao voltar para defender-se tinha a impressão de que continuava a ser visado pelos tiros de seu agressor;

que nestas condições, mais ou menos no centro da área anterior do recinto, a distância superior a dois metros, divisou o vulto de seu agressor, ainda de revólver em punho e dirigido para o indiciado, fazendo-lhe, então, o primeiro disparo;

que sucessivamente e da mesma posição, ao que se lhe afigura, fez os dois restantes, porém, dado o seu estado de enfraquecimento crescente, não pôde perceber bem as condições em que estes últimos foram dados;

que não se recorda de ter visto quem quer que fosse junto ao seu ofensor, nem tampouco que este lhe houvesse voltado as costas e, muito menos, caído, pois neste momento sentia fugir-lhe a vida, parecendo-lhe que eram os últimos de sua existência, o que parece perfeitamente comprovado com sua imediata perda dos sentidos e consequente queda asseveradas por várias testemunhas deste Conselho;

que faz acentuar que para desfechar os únicos três tiros dados, pois na arma apenas três balas possuía, não precisava senão de um espaço de tempo muito pequeno, no máximo de três segundos, tempo este em que lhe não seria possível, mesmo devido ao seu estado atual, perceber se o seu inimigo havia apenas voltado a cabeça, ou se lhe dera as costas, ou mesmo se já ia caindo;

que a afirmação feita por testemunha de ter disparado o tiro *causa mortis* à queima-roupa ou "a um palmo de distância" lhe parece absurda, em primeiro lugar porque o médico legista que fez a necropsia afirma o contrário e, em segundo, porque, tendo desfalecido em seguida e caído *ibidem*, tal queda se daria sobre o corpo do seu ofensor, o que se não verificou;

que pode afirmar categoricamente estar o seu revólver, na ocasião, carregado apenas com três balas, por isso que, na véspera, à noite, em sua residência, pressentindo rumor no quintal, fizera, da segunda janela da face esquerda do prédio, dois disparos contra o tronco de um tamarineiro para a esquerda existente, cujos vestígios poderão ser lá verificados, e não refez a carga;

que, de que o revólver Smith and Wesson é o de sua propriedade, podem dar testemunho seu tio e padrinho major José Pacheco de Assis e sua esposa, do indiciado, bem como, para sanar completamente toda dúvida, um confronto dos projéteis extraídos de seu corpo com os próprios à sua arma, pois são diferentes as balas do revólver Colt das do Smith empregadas, embora do mesmo calibre;

que dos vestígios encontrados e verificáveis nas peças de roupa que trazia: túnica, colete e camisa, se poderá constatar a veracidade de sua afirmativa relativamente ao ferimento recebido pelas costas quando se retirava para poupar-se ao desgosto de ter de agir contra seu enteado, assim como a causa do "ferimento contuso" encontrado na face posterior do braço, próximo ao cotovelo, e que se lhe afigura consequente do ricochete de algum projétil, pois seria o quinto dos que lhe foram atirados;

que depois disso só deu acordo de si quando pensado pelos médicos da assistência.

Perguntado se conhece e tem algo em contraditar as testemunhas?

Respondeu que apenas conhece, por ter com elas tratado três vezes, Meilhac, tendo em que contraditá-las todas, o que oportunamente fará.

17
Quidinho foi instigado a matar Dilermando

Anna de Assis se encontrou com Dilermando antes de 28 de julho, quando ele prestou declarações ao Conselho de Investigação.

Passado o primeiro momento, em que ela mesma condenou o marido, compreendeu quão absurda era aquela nova tragédia. E que razões existiam para o próprio filho atirar em Dilermando?

O rumo do raciocínio de Anna de Assis, de qualquer forma, levava-a para difícil posição. Se perdoasse o marido, estaria condenando o filho? Caso contrário, não seria injusta? Mas ela poderia chorar o filho perdido, perdoá-lo e assim mesmo continuar ao lado de seu marido. É possível perceber que para essa tragédia existiram combinações além da maldade humana.

Logo após o casamento com Dilermando de Assis, seus três filhos com Euclides da Cunha, ainda menores, chegaram a residir, certo tempo, com ela e sua nova família. Em dado momento, Dilermando julgou inconveniente a permanência dos rapazes em sua companhia. Ele foi transferido para o interior do país e, ao levá-los, estaria prejudicando-os em suas vidas escolares. Solon e Euclides Filho foram confiados, respectivamente, ao marechal Cândido Mariano Rondon e ao senhor José Carlos Rodrigues. Solon, em seguida, mudou-se para o estado do Mato Grosso, já empregado do governo, para trabalhar junto à Comissão de Linhas Telegráficas. Euclides Filho foi internado no Granbery, colégio de Juiz de Fora.

O caçula, Manoel Afonso, ficou aos cuidados da tia Alquimena, sendo internado e educado em colégios religiosos de São Paulo.

Anna de Assis sempre soube que, falsos amigos, parentes de seus filhos e até mesmo figuras importantes da imprensa tentavam incutir nos meninos desejos de vingança. E, ainda pior, além das ideias homicidas, que eles a repudiassem e a execrassem publicamente.

Por ocasião de uma visita de Alquimena e Manoel Afonso à casa de Anna de Assis, ambos revelaram que o tutor dos três filhos de Euclides, Nestor da Cunha, constantemente manifestava-se contrário às relações de seus tutelados com a mãe.

Antes de seguir para o norte do país, Solon regressou do Mato Grosso, procurou a sua mãe, palestrou com Dilermando de Assis, declarando não existir de sua parte, nem da de seus irmãos, intenções de qualquer violência como desforra pela morte do pai.

Apesar da sistemática campanha contra Anna, cartas e atitudes dos filhos revelam como eles a queriam e a buscavam.

Manoel Afonso fugiu do colégio em que estava interno, na cidade de São Paulo. Recusou-se a regressar ao educandário e persistiu no desejo de retornar ao Rio de Janeiro, sendo encaminhado a seu tutor. Pouco tempo residiu com o parente. A 13 de junho de 1916, fugiu da casa de Nestor da Cunha e, quase meia-noite, batia à porta da Fazenda dos Macacos, afirmando que não mais se afastaria da mãe. E acrescentou que, além de não querer morar na companhia de Nestor da Cunha, não o queria como tutor, já que durante uma refeição, à mesa, ele acusou Anna de "assassina de seu pai e de seu irmão Solon". Essas declarações de Manoel Afonso constam, inclusive, dos autos de inventário de Euclides da Cunha.

A estadia do menino Manoel Afonso na casa da mãe provocou a série de perseguições que culminariam na tragédia de 4 de julho.

Agentes da polícia visitaram a Fazenda dos Macacos para retirar de lá o menor Manoel Afonso. Tudo era feito irregularmente, nenhuma ordem judicial cobrindo tais investidas. Todos foram educadamente repelidos, chegando alguns à confissão de que agiam atendendo a pedidos de Nestor da Cunha. Ao perceberem a posição do menor, abraçado à mãe e recusando-se a abandoná-la, compreendiam terem sido enganados e se retiravam constrangidos.

Até que um dia, final de junho, às vésperas de dar à luz, Anna de Assis percebeu a casa sitiada por praças armados e realizando verdadeira operação de guerra. Sua sala foi invadida pelo delegado do 23º Distrito, por um escrivão e por um policial.

Atônita, imobilizada pelos últimos dias de gravidez, sozinha com os filhos menores, ela só pôde implorar ao delegado que aguardasse a chegada de seu marido. Mais uma vez, estava abraçado a ela o menino Manoel Afonso.

Quando Dilermando de Assis chegou, primeiramente indagou os motivos para todo aquele aparato. Compreendendo a ridícula situação, o delegado ordenou que toda a força policial se retirasse, mostrou a ordem judicial para levar o menor Manoel Afonso e se desculpou por tamanho vexame. Após algumas deliberações, entendeu não existir razão alguma para cumprir aquela equívoca missão. O menino, já numa idade de compreensão e de vontade própria, recusava-se a acompanhar a autoridade e retornar à casa de seu tutor.

O delegado, antes de se retirar, pediu a Dilermando de Assis que, no dia seguinte, comparecesse, juntamente com o menor, à presença do juiz de órfãos, expondo a ele tudo o que acontecia, uma vez que o mesmo desconhecia completamente todos os fatos, agindo unicamente por indicação do advogado de Nestor da Cunha.

Quando Dilermando de Assis se apresentou ao juiz de órfãos, doutor Machado Guimarães, surgiu o advogado de Nestor da Cunha, doutor Rodrigo S. Paulo, tentando mudar o rumo das declarações e procurando contradizê-las. À vista de documentos exibidos, até mesmo a anulação de um papel com falsa assinatura do menor Manoel Afonso, além de esclarecimentos para muitas e dúbias acusações, o juiz decidiu, de acordo também com a vontade do menor, que o mesmo continuasse ao lado da mãe, até a nomeação de um novo tutor. Foi indicado o general Dantas Barreto.

Depois de tal deliberação, o advogado de Nestor da Cunha, compreendendo ter perdido a questão, declarou, como uma ameaça, de modo a ser ouvido por todos, que "Euclides Filho estava muito nervoso, andava muito neurastênico e que era preciso uma providência".

Pode-se depreender então que o rapaz já estava convenientemente estimulado para pôr fim à "ignomínia" que era o seu irmão metido na casa do "assassino de seu pai".

Dilermando de Assis teria de completar algumas declarações, iniciadas nessa audiência. Para tal fim, compareceu, a 4 de julho, ao Cartório do 2º Ofício da 1ª Vara de Órfãos, ocorrendo então o encontro com Quidinho.

Anna de Assis, várias vezes, ouviu do marido a assertiva de Quetelet: "é a sociedade que arma o braço do criminoso."

Nunca acreditou que o filho atirasse contra seu marido. Chorou, então, tantos conselhos inúteis. E relembrou alguns fatos, como a rixa de seu filho com um colega, em que este declarou: "Não me bato contigo porque tu és um covarde. Pois se ainda não tiveste coragem de matar o assassino de teu pai..."

E esta carta mostra como Quidinho era inseguro:

> Quanto ao que escreveste, a respeito de vires visitar-me, fiquei muito satisfeito, mas tenho uma objeção a fazer: como sabes a língua é pérfida e injuriosa. Vindo aqui poderão os espíritos obnubilados falarem. Dirão que dou-me com o assassino de meu pai, pois estás casada com ele.
>
> Não quero falar contigo aqui em Juiz de Fora, porque, como sabes, não poderei ter muita liberdade, pois, como já disse, nesta cidade (como em todas) há muita gente que só gosta de "bater língua". Portanto, marca o dia, o lugar, qual o trem que tomas e manda o preciso para eu ir. Adeus, abraça-te o filho afetuoso
>
> Quidinho.

A repercussão do novo julgamento de Dilermando de Assis é grande. Toda a imprensa brasileira reproduz os acontecimentos e retorna aos detalhes da morte do escritor Euclides da Cunha.

O *Jornal do Brasil* encaminha-lhe algumas perguntas. No entanto, não publica a entrevista. As respostas ficaram guardadas. A seguir, parte dessa entrevista não publicada.

> JB: O *Jornal do Brasil* deseja conhecer a sua impressão sobre a tragédia em que foi envolvido naquele fatídico dia de julho.
>
> Dilermando: Terrível, horrorosa, indescritível... Qual pode ser a impressão de quem, distraído e tranquilo, empenhado numa ação meritória para satisfazer, desinteressadamente, solicitações de entes caros, cumprindo deveres e praticando o bem, ouve forte estampido de um certeiro tiro dado às suas costas e se sente gravemente ferido?

Qual seria a emoção de que, voltando-se em seguida, o espírito abalado pela surpresa, o cérebro anarquizado pela brutalidade e o imprevisto da agressão, turvada a vista pela natureza e sede da lesão, reconhecesse no vulto escuro donde se destacavam a chama do segundo tiro e o brilho dos metais do espadim o filho do homem a quem teve a desdita de causar a morte? Porque, seja como for, era um filho de sua esposa, um irmão dos pequeninos entes que são toda a sua preocupação na vida – sangue do sangue de seus filhos, ente cuja dor respeitava e a quem estimava!

Qual havia de ser a sensação daquele tétrico momento em que, desenganado do socorro, na ausência da calma, na cegueira da dor, sob o império do instinto já, via apenas o bicorne dilema: a afeição ou a honra; o esposo ou o soldado, o horror do crime ou o crime da fuga?

Conheço-as bem, profundamente. E penitencio-me porque só a Natureza pode ser culpada, ela que me fez um frágil e pobre joguete do despotismo dos instintos.

Só o não sabe quem, ainda naquele transe, não se encontrou para, então, mostrar que procederia segundo suas ideias contra mim tão revoltas, dominando o fundo troglodita que nos lembra Taine.

A minha impressão é que, arquitetada pela sociedade, aquela tragédia foi uma inominável loucura e uma grande desgraça. E tanto avanço sem me deixar influenciar pelos conceitos de Quetelet...

JB: Em casa, naturalmente, Quidinho era relembrado...

Dilermando: Naturalmente. Sua mãe jamais passou um dia sem evocá-lo e aos outros, Solon e Afonsinho, com amor e com saudades. Correspondiam-se mesmo, como pode verificar por este bilhete postal, mandado de Juiz de Fora, a 9 de outubro de 1911:

Querida mãe
Saudades
Podes mandar o necessário para eu ir até aí, porquanto os jogadores daqui irão jogar futebol em Petrópolis no dia 11

e eu falarei com o diretor, para aproveitar este dia para ir visitar-te. Mandei-te ontem uma carta. Recebeste? Adeus, aceita um abraço do filho e amigo

Quidinho.

Ela estremecia-os. É digna, é pura, foi sempre uma boa mãe, como foi boa esposa. Di-lo Júlio Bueno, um íntimo e um grande amigo do doutor Euclides da Cunha.

Como mãe, afetiva e sincera, carpe hoje sua cruel desdita. Estas cartas o revelam:

Deves perdoar, pois eu tenho momentos em que perco as forças e tenho de dar expansão às minhas dores, que talvez sejam únicas. Dores de mãe!... Mãe, choro os pedacinhos da minha carne! Dores de esposa!... Esposa fiel e amante, vejo o meu marido, perdido para sempre, baleado! É triste, é único! Enfim tenho de sofrê-las, não há remédio, senão coragem e resignação!

Adeus, dorme tranquilo com o meu perdão, meu pobre marido, que eu aqui, chorando, velando nossos filhinhos, espalharei os pensamentos e o meu espírito ao túmulo de meus filhos e ao teu leito sangrento. Uma lágrima de tua mulher.

E ainda há quem satanicamente tripudie sobre esta magna infelicidade.

JB: Pensou, alguma vez, que ele fosse capaz de uma vindita?

Dilermando: Enquanto se correspondia com sua progenitora, não. Quando se recolheu ao absoluto mutismo, depois de sua inclusão na Escola Naval, algumas vezes, sim; outras, não. Passou-se pelo espírito a possibilidade de, em tornando-se oficial, procurar-me para um desforço. Mas imaginava, nesses momentos, um encontro leal, precedido de advertência, senão de formalidades. Jamais supus que, aprimorando seu espírito nos sãos princípios de honra e cavalheirismo professados em nossas escolas militares, pudesse um dia vir a acometer-me pelas costas e de surpresa, como de emboscada. Ademais, quando admitia, como um preito à memória de seu pai, a possibilidade de uma revanche, calculava que (pondo o caso em mim), para ter o valor visado, devia ser leal, em luta honrosa, pela frente; nunca do modo por que o empreendeu. Quando, porém, me transportava para a sua condição de filho da "mulher do assassino de seu pai", sempre imaginei que, atendendo à sua incapacidade para julgar das causas determinantes daquela catástrofe e à situação em que ficaria aquela (fosse como fosse, sua mãe), se dissuadiria do intento pelos seus amigos insuflado como um ato digno e heroico a ser, em apoteose, pelos jornais salientado.

Outras cartas de Quidinho:

Querida Mãe

Saudades

Recebi agora mesmo sua carta. Falei com o Sr. Dr. Tarboux, diretor daqui, o qual disse-me que tendo sido eu matriculado aqui pelo Dr. José Carlos, só poderia ir visitar-te com o consentimento do mesmo; ora, eu não quero de maneira alguma deixar de ver-te, portanto irei, até sem o consentimento do diretor, até aí no dia 11 porque 12 é feriado.

Passarei aí o dia 11 e 12 vindo a 13 de manhã.

Peço mandar o necessário.

O diretor não achará falta minha, porquanto eu durmo numa casa separada com outros alunos, apenas assisto e estudo as aulas aqui.

Peço mandar resposta hoje, sim?

Até breve.

Abraça-te o filho e amigo

Quidinho

Juiz de Fora, 8-10-1911

P.S.: Não sei o preço da passagem, peço perguntar por aí. Estou tão nervoso que escrevo esta carta sem mesmo procurar indagar, pois quero saber sua resposta logo,

Quid.

Trecho de outra carta:

De todo jeito eu fico proibido de ver-te, visto como, se eu pedir ao doutor José Carlos, ele arranjará esse pretexto para me largar de mão, portanto quer vá quer não vá será bastante eu lhe fazer este pedido para abandonar-me... Mas pouco ligo eu a esta vida!... O que quero é ser estimado e provar que estimo a quem verdadeiramente me estima. Irei ver-te, caso alguém fale, pouco se me dá. Esta vida é curta, tu foste quem me pôs no mundo, portanto devo ser-te grato primeiro que aos outros.

Não se vive com o ouro nem com o nome, vive-se com o trabalho e com boas obras. Trabalharei para ser homem. Tenho dezessete anos... Não devo ficar sob o jugo e sustento de outrem... Não vaciles em mandar-me dinheiro para eu ir porquanto não me prejudicará em nada essa visita.

Serei lavrador, pedreiro, sapateiro, enfim até criado somente para possuir a paz de espírito, tendo a certeza de que tenho mãe...

Julga veres-me um dia morto, ou eu a ti!... Que dor horrível se estivéssemos separados!... Que lágrimas amargas não se desprenderiam dos olhos ao lembrares de mim ou eu te ti!... Por isso irei ver-te no dia 11.

Seu filhinho

Quidinho.

Dizei-me, agora, senhor, alimentando essas ideias, revelando esses sentimentos, a não ser que o dedo do mal viesse intervir para torcê-los, suplantando-os, poderia eu preocupar-me de vinditas? Pois se essas viriam ferir mais fundo sua própria mãe, que ele tanto queria!... Com franqueza, não esperava. E se esperasse não teria sido surpreendido apenas com três balas em meu revólver, é claro.

JB: Que acha de seu caráter?

Dilermando: Nada.

JB: Que diz de sua última atitude?

Dilermando: Reputo-a precipitada, irrefletida, a de um instigado, de um arrastado sem forças para vencer o maquiavelismo dos que o impeliram à morte. Ignorava que eu defendia seus próprios interesses, que acautelava seus bens e os de seu irmão.

Disseram-lhe, ardilosamente, para desorientá-lo, que eu disputava a tutoria de Manoel Afonso. Talvez que pretendia mantê-lo em minha casa, corrompê-lo quiçá, quiçá inutilizá-lo...

E, sabe bem o Exmo. Sr. doutor Machado Guimarães, a quem disse, quatro dias antes: "Não posso, não devo e não quero assumir estas responsabilidades." O meu intuito era bem diverso e bem nobre, muito mais do que o dos que seus amigos e protetores se intitulam sem nunca se haverem preocupado com a sua instrução e suas necessidades. É que, à voz do dinheiro os – nos jornais – salientíssimos amigos do doutor Euclides desaparecem, não ouvem, não veem que os seus veneráveis ossos vão ser atirados à cremação comum por falta de quem pague a sepultura, tornando-se preciso que um jornal de São Paulo entrasse com a quantia respectiva para evitar a consumação da irreverência. Rio-me.

De que me interessava realmente pela sorte de Afonsinho, basta lembrar o nome apontado para seu tutor: Dantas Barreto.

E de que absolutamente nada quero nem querem os meus do inventário do doutor Euclides, é suficiente prova dizer que, intimado pelo juiz a dar parecer sobre a partilha, ao senhor Octávio Meilhac o declarei, acrescentando: "Não enchafurdarei o meu nome neste tremedal", frase repetida ao já mencionado juiz e por esse escrevente confirmada.

Deixava, pois, correr o processo à revelia.

A biblioteca, que tocou a minha senhora, foi por esta desistida a favor de Quidinho. Lá está, nos autos, uma declaração sua nesse sentido.

E nessas condições, tudo caminhava para a mudança de tutor o que, parece, não convinha a certa gente porque... algumas surpresas surgiriam daqueles autos, dignos de meditação. O juiz, ante os fatos (até assinatura visivelmente apócrifa, telegramas pedindo dinheiro como documentos, a biblioteca do doutor Euclides avaliada em... quinhentos mil-réis!), não pôde deixar de concordar com as minhas razões e apreensões e intenções, resolvendo, em suma, que Afonso devia, em minha casa, aguardar a decisão. A facção oposta, com advogado constituído, perdia a causa, desesperava, e foi ao último golpe, para eximir-se à responsabilidade, e Euclides Filho reservado. Era um verdadeiro conluio.

Eis como explico a sua última atitude.

Cabe ainda destacar a matéria publicada no jornal *A República*, de 13 de julho de 1916:

TRAGÉDIA EMOCIONANTE

O estado do tenente Dilermando de Assis

UMA CARTA

Devido à sua constituição robustíssima, o tenente Dilermando de Assis pode se considerar absolutamente fora de perigo. Amanhã ou depois o doutor Cícero Monteiro tomará o seu depoimento sobre a tragédia do Fórum que vitimou o aspirante Euclides da Cunha Filho.

Sobre essa desgraça recebemos do nosso colega de imprensa Orestes Barbosa a seguinte carta a que daremos publicidade:

> Meus caros confrades.
>
> Ainda sob a impressão terrível dessa tragédia dolorosa desenrolada no Fórum, venho solicitar a publicação destas linhas, a fim de amenizar a dor funda que neste momento fere o meu infortunado amigo Dilermando de Assis.
>
> Posso garantir aos meus colegas, desafiando o cinismo das contestações, que o tenente Dilermando jamais viveu na residência do pranteado doutor Euclides da Cunha, tendo travado relações com a hoje sua esposa ao tempo em que o escritor dos *Sertões*, fora do Rio, escrevia o livro *Peru versus Bolívia.*
>
> Outra infâmia clamorosa é a alegação de que Dilermando foi educado por Euclides, existindo documentos que provam quão torpe é tal afirmativa.
>
> Tão sediças denúncias colocam Dilermando antipático, como um perverso matador daquele que o lançou na vida.
>
> Confiante na justiça dos honrados colegas que não tomaram parte nas fileiras daqueles que vivem alimentados na desgraça alheia, seu confrade e amigo
>
> Orestes Barbosa.

Apesar destes e tantos outros desmentidos e depoimentos de que Dilermando de Assis jamais dependeu do escritor Euclides da Cunha, articulistas na imprensa e até mesmo biógrafos do autor de *Os sertões* reiteradas vezes repetiram a versão depreciativa e mentirosa.

Enquanto a dor de mãe de Anna de Assis ficou ignorada por todos.

Teria sido fácil enfrentar perseguidores, alvejar tolos argumentos, derrubar mistificações. Seu filho estava morto, seu desespero de mãe seria um grito mais forte contra calúnias e mentiras. E teria, certamente, algumas perguntas. Por que o filho Quidinho não respeitou as suas dores de um parto recente, tentando matar seu marido exatamente quatro dias após o nascimento de Frederico? Que forças poderosas agiram contra ele, levando-o a tamanha brutalidade? E se o menino Manoel

Afonso queria ficar ao lado da mãe, por que a insistência em retirá-lo de seus braços? Se irregularidades existiam no inventário do escritor Euclides da Cunha, a solução estaria na morte de Dilermando? Por que, já que ele procurou não interferir em nada, enquanto ela a tudo cedia, objetivando apenas a paz e tranquilidade?

Quando Anna de Assis optou por permanecer ao lado de seu marido, após a morte de Quidinho, gritou em seu íntimo o amor por aquele homem. Foi uma resolução em silêncio, sem justificativas e alardes. Não enfrentou seus perseguidores, não quis destruí-los. Não procurou jornais, não usou de seu prestígio, nem recorreu a nomes influentes e ilustres. Se perdoou, ninguém sabe, o certo é que ignorou detratores, procurando recuperar a felicidade ao lado do marido e dos filhos.

18
Anna vende bolos de milho para comprar livros

— Menino, venha cá.

O garoto se aproxima do grupo de militares e se dirige ao sargento que o chamou. Um outro pergunta:

– O que você está vendendo aí nesta cestinha é o bolo de milho de dona Anna?

– É, sim senhor.

– Me dá dois.

– Quanto custa?

O menino responde e atende aos pedidos.

– O senhor quer doce também?

Alguns compram doces, outros, não.

– Fico só com o bolo de milho. Não tem bolo mais gostoso que este feito por dona Anna. Com café, então, meu Deus do céu, isto é uma delícia!

– Menino, passe todos os dias nessa hora aqui no nosso serviço que compramos de você.

– Sim, senhor.

E lá segue o garoto, satisfeito, guardando moedas e trocados num saquinho de pano, fornecido pela dona Anna, para que no fim do dia as contas sejam feitas e ele receba a sua porcentagem, além dos trocos de gorjeta.

Esse menino e alguns outros circulam por Realengo, principalmente pelo quartel e vila militar, vendendo doces e bolos de milho, produção caseira de Anna de Assis. É dessa forma que ela arrecada dinheiro para as despesas domésticas e ainda reserva uma parte para adquirir livros. Esses livros são obras de engenharia que ela leva para o marido, preso no 1º Regimento de Artilharia, aguardando julgamento militar pela morte de seu filho Quidinho. Anna, em suas visitas a Dilermando, invariavelmente leva uma trouxa de roupas e é questionada pela guarda:

– Então, dona Anna, posso examinar a trouxa?

– Pode. Tem o mesmo das outras semanas.

– Mais livros, dona Anna? O tenente Dilermando vai perder as vistas de tanto estudar.

E, assim, Anna de Assis encoraja o marido, auxiliando-o para que possa se formar em engenharia.

Nessa época, ela recebe a sua parte da pensão do pai, marechal Solon Ribeiro, mas é uma quantia irrisória diante de tantas despesas com a manutenção da casa na Fazenda dos Macacos e com os seis filhos. Manoel Afonso, do primeiro casamento, continuou a seu lado por mais longo tempo. O soldo do marido preso mal atendia às despesas com advogado de defesa.

Cinco horas da manhã, Anna já acende o fogão e reinicia a labuta diária. E seus doces e bolos de milho agradam tanto que a produção é redobrada e outros meninos acorrem para vendê-la e também auferir lucros. Os bolos de milho e doces fazem sucesso não só à hora do lanche no quartel, mas também em algumas festas de domingo. E sem descanso Anna de Assis produz suas guloseimas, numa atividade incessante e sem tréguas. Tamanha é a sua pertinácia e afinco a seus deveres domésticos que se esquece de suas vaidades femininas e se deixa abater e envelhecer pela rotina do fogão.

Setenta anos depois, a filha Judith irá se recordar de uma imagem de criança:

– Não tenho boa memória para nomes. Mas tenho memória irrepreensível para acontecimentos. Mesmo aqueles da minha infância, alguns bem remotos. Pois bem, nasci em 1913, portanto em 1916 ou 1917 estava com três para quatro anos. Datam dessa época alguns fatos que me voltam à memória. Lembro-me muito bem de minha mãe fazendo doces e bolos de milho, o rosto afogueado na beira do fogão. E aqueles meninos todos saindo logo de manhã lá de casa com as suas cestinhas cheias de bolos e doces. E é dessa época que me lembro de um dia ver minha mãe agonizando de dores. Ela passava por uma dor de dente terrível. Ela chorava de dor. Ali na beira do fogão, mexendo o doce com a colher de pau, num tacho enorme, e o rosto vermelho, inchado, ela gemendo de dor. Tinha muitas encomendas, não podia parar. Naturalmente, aquele calor do fogo agravava a dor de dente. À noite, sabendo que no dia seguinte passaria pelo mesmo calvário, ela não teve dúvidas. Resolveu arrancar o dente. Usou um alicate. Sem anestesia, sem nada. Pegou um espelho, segurou-o perto da boca, com a mão direita e o alicate puxou o dente. Uma coragem tremenda, pois o sangue se esparramava por todo lado. Mal se recuperou desta operação primitiva, lá estava novamente na beira do fogão, preparando bolos e doces. Ela conseguiu ganhar dinheiro suficiente inclusive para comprar o anel de formatura de meu pai. O anel de grau que ele usou quando se formou em engenharia foi presente de minha mãe. Ele sempre foi agradecido a ela por esse gesto.

Se a imprensa, articulistas e historiadores gastaram argumentos e retóricas para julgar e condenar Dilermando de Assis pela morte de Euclides da Cunha Filho, a mãe do rapaz procedeu de forma diversa. Ela jamais fez qualquer declaração à imprensa. Manteve-se em silêncio após a morte do escritor Euclides da Cunha, apenas se viu obrigada a algumas declarações na polícia. Já na morte de seu filho, não foi testemunha, apenas uma vítima.

Situação, aliás, compreendida por outras mulheres. Esta manifestação de solidariedade, anônima, em bilhete cuidadosamente guardado por Anna de Assis e, posteriormente, por Judith, comprova isso:

> **Exma. Sra. Anna Solon Ribeiro**
>
> **Muitos corações existem, minha senhora, que partilham da sua dor. O destino tem sido cruel para a sua família e muito principalmente para V. Excia. Coragem e resignação! Coragem!**
>
> **Anna e Dilermando, vítimas do verdadeiro amor! Sim! Amor que resiste a todas as provações, que resiste até à injúria, até à morte!**
>
> **Como a sociedade é vesga e cruel!**
>
> **Coragem, heroína do verdadeiro amor!**
>
> **Uma senhora brasileira**
>
> **Rio, 8-07-1916**

Passados os atordoados primeiros dias da morte do filho, Anna de Assis compreendeu a trama que o encaminhou à morte. Arquivou o bilhete em que deixou registrado seu desespero e consignada a sua dor de mãe, e tratou de inocentar o marido e se preparar para mais um embate com o destino.

O seu apoio a Dilermando não foi apenas com palavras, cartas e bilhetes, foi sedimentado no fogo brando que cozeu doces e bolos de milho, ardendo do amanhecer ao findar do dia, semanas e meses seguidos.

19
A defesa histórica do doutor Evaristo de Morais

O tenente Dilermando de Assis coloca o seu soldo à disposição do advogado doutor Evaristo de Morais, que, mais uma vez, sai em sua defesa. As despesas são grandes. Além dos gastos com a Justiça, ainda existem outros, com a medicina, necessários para a recuperação dos ferimentos feitos pelos disparos de Quidinho. Ele se tranquiliza ao perceber que tem uma retaguarda e saber que a mulher angaria recursos.

A 27 de setembro de 1916 ele é absolvido, após apresentar a própria defesa, em que descreve todos os antecedentes de seu encontro com Quidinho no cartório, encerrando-a com estas palavras:

– E ao meu ilustre patrono, doutor Evaristo de Morais, sanando a minha incapacidade jurídica, confio o dizer o resto.

O *Jornal do Commercio*, de 28 de setembro, reproduziu a defesa do doutor Evaristo de Morais, posteriormente transcrita em livro, publicado por Dilermando de Assis e revisado pelo próprio advogado.

> A exposição minuciosa dos fatos sinceramente elaborada pelo próprio acusado e não contrária, nos pontos essenciais, ao que consta dos autos, seria suficiente para formar as

bases de sua absolvição, se não nos ocorresse que no ânimo de algum juiz pudesse, ainda, persistir qualquer dúvida acerca da legitimidade da ação, da qual resultou a morte de Euclides da Cunha Filho. Nos casos em que se debate a legítima defesa, não raro surgem objeções relativas a cada um dos seus elementos jurídicos, colocando-se, às vezes, os juízes em atitude do crime, uma compostura que só se depara nos heróis da lenda e nos do Agiologio.

Tendo de decidir acerca de um fato capitulado crime e que se afirma cometido por um homem, buscam alguns na pessoa do acusado um super-homem, uma criatura extraordinária, tendo a mansidão divina de Jesus para dar a face à bofetada, dispondo da caridade evangélica dos mártires que morrem pedindo a misericórdia divina para os seus algozes! É, pois, preciso, em casos como o dos autos, baixar à realidade da vida normal, encarar os fatos como eles se dão geralmente, medir os indivíduos pela bitola comum, consideradas as circunstâncias essenciais do lugar, do tempo e da situação recíproca dos protagonistas. A cena tem de ser realmente vivida e não sonhada, nem imaginada. Há de o julgado ajuizar do acontecido, reportando-se ao momento da ação e reconstituindo o drama, mediante as provas adquiridas e o raciocínio calmo e imparcial. Aplicando a lei ao fato, cumpre ter em vista que a lei não pode ser interpretada desumanamente, inexoravelmente, sacrificando-se a verdade às ficções doutrinárias ou às hipóteses irrealizáveis.

O que aqui temos é, em resumo, o seguinte:

Dilermando estava no cartório da Vara de Órfãos, despreocupado e desapercebido, lendo um papel forense. Por uma das portas penetrou ali, sem que Dilermando o pudesse ver, dada sua posição, o tresloucado Euclides, que imediatamente fez um disparo de revólver contra Dilermando, atingindo o projétil o alvo. Voltava-se Dilermando para ver quem o agredia, quando recebeu segundo tiro. Disposto a não reagir por haver percebido de quem se tratava, supôs que poderia, em desar, sair do local, incumbindo-se as pessoas presentes de conter o agressor. Quando dava alguns passos na direção de uma das portas do cartório, sentiu-se ferido pela terceira vez, compreendendo, então, embora vagamente, já transido de dores e perturbado, que nenhum impedimento encontrara o agressor, visto fugirem as pessoas que deveriam detê-lo. Desde logo o dominou o instinto de conservação. Fugir era, ao mesmo tempo, pusilânime e inútil. Considerava-se mortalmente atingido; não podia aumentar o mal da sua morte com o da sua desonra, como militar e como homem. Procurava tirar, aliás com dificuldade, a arma do bolso, quando recebeu o quarto tiro, pelas costas. Só na porta da rua, ou, talvez, na calçada, conseguiu armar-se.

Aproximando-se do agressor imediatamente, notou que ele mantinha a atitude anterior, empunhando a arma. Disparou o acusado o primeiro tiro, que atingiu Euclides Filho no dedo, e, seguidamente, sem a menor interrupção, os dois outros. O último atingiu a cabeça de Euclides, no momento em que era empurrado pelo escrivão interino Fernandes, com quem se agarrara.

Disparados três tiros, caiu, logo, o acusado, tendo no corpo nada menos de quatro projéteis, expelidos pela arma de Euclides e que lhe haviam atingido os pulmões e as pleuras, respectivas, o diafragma, o fígado e a espinha dorsal, produzindo abundantíssima hemorragia interna.

Todos os fatos aqui resumidamente narrados se passaram, seguramente, em menos de um minuto.

Pergunta-se: é ou não é de admitir a justificativa da legítima defesa, em face da boa interpretação da lei, da doutrina e da jurisprudência?

A defesa privada deriva psicologicamente do instinto de conservação, instinto primitivo, básico da existência, que, sendo o primeiro a aparecer, é o último a abandonar a criatura humana. Por isso Cícero viu na legítima defesa uma prescrição da lei natural, não escrita (*non scripta, sed nata lex*). Tão imprescritível é essa lei suprema que, diante dela, cedem os sentimentos mais afetivos, as injunções do respeito filial, as contemplações para com o infortúnio e para com a inconsciência. Certo, sustentava o princípio da legítima defesa – assente no instinto da própria conservação – o trágico grego Sófocles, pondo na boca de Édipo as seguintes palavras em respostas às imprecações de Creonte, quando o acusava pelo homicídio do próprio pai:

"Responde-me a esta pergunta: Se alguém agora mesmo, aqui, se aproximasse de ti e te quisesse matar, que faria, homem justo? Buscarias saber se o assassino era teu pai, ou, pelo contrário, o punirias, de pronto? Seguramente, se ligas importância à tua vida, castigarias o agressor, sem te inquietar com a legalidade do teu ato?" (*Delitto e Pena nel pensiero dei Greci*, de Alessandro Levi, 1903, pp. 40-41.)

Contra o louco, que não tem consciência da injustiça do ataque, é legítima a defesa, tanto se funda ela na necessidade de conservar o atacado a própria vida. (Haus, *Droit Pénal Belge*, vol. I, p. 483.)

Dada a agressão injusta, imprevista, o agredido se encontra na situação de quem, defendendo sua vida, exerce, também, uma função social, substituindo, naquele momento, a justiça repressiva que não poderia acudir a tempo. A legítima defesa, ensina Fioretti, se apresenta como uma forma abreviada de juízo penal e da sua execução. O indivíduo que age em estado de legítima defesa representa um instrumento de defesa do qual a sociedade se utiliza em uma situação de perigo iminente. (*Su la legitima difesa*, 2ª edição, p. 7.)

Resta saber como tem de ser apreciado esse perigo iminente, se objetivamente, se teoricamente, se praticamente.

Respondam por nós os mestres do direito penal. Passe o eminente Francesco Carara, como de rigorosa justiça, à frente de todos. É o chefe incontestado da chamada "escola clássica". Doutrina ele que a reação do agredido deve ser medida, segundo a opinião razoável do que é ameaçado na sua existência, não segundo o que, com frio cálculo e maduro exame, vem a ser conhecido posteriormente pelo juiz. (*Programa del corso di diritto criminale*, parte geral, 4ª edição, 1871, p. 196.)

Ortolan abunda na mesma ponderação, dizendo: "A ciência dá uma regra abstrata, mas, na aplicação, nem tudo pode ser calculado matematicamente, sobretudo na situação súbita e delicada de um homem que se defende contra um agressor." (*Elements da droit pénal*, 1863, vol. 1, p. 172.)

Em seguida, o eminente professor da Faculdade de Direito de Paris perguntava: "Qual é o homem que, na perturbação e na impetuosidade de sua defesa, impelido pela própria coragem, apreciará de sangue-frio, com exatidão, se há algum recurso a chamar, se há algum meio mais suave, se o golpe que ele desfere ultrapassa ou não o que necessário seria para a mesma defesa? É preciso encarar os fatos tais como comumente se apresentam e não exigir penalmente do homem mais do que sua natureza comporta."

Por seu turno, o professor Garraud, da Faculdade de Direito de Lyon, pergunta:

"Terá o agente conservado sua liberdade de espírito para medir o perigo, evitando-o por outros meios, proporcionando a defesa ao ataque?" (*Précis de Droit Criminel*, 1895, p. 184.)

Alimenta, professor na Universidade de Módena, não é menos sensato quando, não só se referindo à condição da necessidade, como à condição da atualidade, recomenda que o julgador se coloque na situação do acusado, avaliando tais condições de acordo com a consciência do homem que foi atacado e que se defendeu. A atualidade da agressão pode-se afigurar ao agredido persistente – observa Alimenta – quando para os circunstantes ou para os futuros julgadores já tenha desaparecido. Assim, também, a necessidade da repulsa ou da reação poderá parecer inexistente *a posteriori*, quando já passado o perigo, enquanto, no momento da agressão, era evidente no espírito emocionado do agredido. (*Principii di diritto penale*, 1910, vol. I, pp. 554-556.)

Foi atendendo a estas considerações doutrinárias – que vinham sendo feitas desde muito tempo – que alguns legisladores adotaram o critério de tornar impunível o ato criminoso praticado com excesso de defesa, ou de lhe atenuar grandemente a penalidade, considerando-o culposo, isto é, extreme de dolo.

Os códigos alemão (art. 53), húngaro (art. 41), do cantão suíço de Neufchatel (art. 373), prevendo os casos de excesso de legítima defesa, beneficiam os acusados com a absolvição. O código holandês (art. 41) torna impunível o excesso se resulta de emoção violenta causada pelo ataque. Outros códigos, quais o português (art. 39) e o italiano (art. 50), atenuam consideravelmente a penalidade no caso de excesso de legítima defesa.

Comenta, a propósito, Fioretti: "Em se tratando de defesa, é difícil imaginar um caso no qual não se deva admitir como existente tal perturbação." (Obra citada, p. 83.)

Ora, por mais rigoroso que se pretenda ser, julgando o tenente Dilermando de Assis, não se pode desconhecer:

1º, que ele tinha sérios motivos para sentir sua vida em perigo, quando, já gravissimamente ferido, buscava a porta e era ainda alvejado pelo agressor, que ninguém continha;

2º, que não se lhe apresentara, ao espírito, naquela ocasião, outro meio de escapar à morte, diverso do que empregou;

3º, que ele não estava apenas emocionado, mas, sim, completamente perturbado, em razão das graves lesões recebidas, das quais quatro, pelo menos, eram mortais.

Não cremos haja aí quem pense na possibilidade da fuga para escapar à agressão. Em primeiro lugar, cumpre ter em vista que o primeiro tiro fora disparado com surpresa e os três seguintes enquanto Dilermando não se tinha armado e estava à mercê do agressor. A fuga não mais evitaria, pois, a efetivação do dano à integridade física do agredido. Mas a lei e a doutrina, em verdade, não aconselham a fuga a um homem nas condições do acusado.

Já os glosadores e os criminalistas dos primeiros tempos da Idade Moderna distinguiam as classes e as situações sociais, quando cogitavam da fuga, diante de uma agressão violenta.

Covarrubias ensinava que a fuga se deveria realizar quando não infamante, quando, por exemplo, fosse um plebeu, um clérigo, que assim evitasse a luta; mas não era lícita a um soldado ou a um nobre secular. Farinacius, depois de desaconselhar a fuga ao homem gordo (*homo carnousus*) débil, ou mau corredor (*non aptus ad currendum*), insistia na ideia de que não era tolerável, pois infamava, se o agredido era militar ou pessoa nobre. (*Trattato di Diritto Penale Italiano*, de Vincenzo Manzini, professor da Universidade de Siena, vol. II, 1908, pp. 231-232.)

Os modernos criminalistas também não sustentam a absurda obrigação de fugir à agressão, *maximé* pertencendo o indivíduo a uma classe subordinada aos princípios da honra, da coragem e da bravura. Evitar, sim, se for possível, isto é, se for dado ao indivíduo conhecer as intenções do inimigo, fazendo-se afastar do seu caminho e não facilitar o encontro. Uma vez, porém, que, como na hipótese, é inevitável a colisão, não procurada, nem prevista, nenhum criminalista aconselha a fuga. O ultimamente citado (Manzini) pergunta se o agredido deve fugir ou esconder-se, quando materialmente possa fazê-lo. Responde: não. (Obra citada, p. 524.)

O mais autorizado comentador do código belga, Nypells, ia além de todos os penalistas, escrevendo:

"A pessoa atacada tem o direito de recorrer ao meio de defesa que as circunstâncias lhe sugerirem. Se quer fugir, fuja; se quer resistir, resista, pois tem tal direito. A lei não pode regular ou determinar as ações de uma pessoa colocada de improviso em uma situação perigosa, que não lhe deixa nem tempo, nem liberdade de espírito necessário para apreciar o que convém fazer ou não fazer. Seria preciso, ao menos, que a pessoa atacada pudesse estar certa de que a fuga desarmaria seu agressor, que ela não seria mais perseguida. Ora, isso é impossível. Demais, ainda que a fuga, em tais circunstâncias, não possa ser considerada vergonhosa, repugna a muitos homens. O legislador deve ter em conta esse sentimento."

Haus, achando muito extremada a opinião – para nós acertadíssima – de Nypells, não está longe de concordar com ele e, quanto à situação especialíssima do militar fardado (*militaire en uniforme*), entende que, dada a fuga, seria desonrosa. (*Droit Pénal Belge*, 1885, T. I, p. 479, nota 13.)

Um jurista contemporâneo, o professor Florian, da Universidade de Pádua, adota a opinião contrária à fuga, e acrescenta: "Tanto mais quanto o ânimo agitado do agredido dificilmente poderá discernir os casos em que a fuga seja possível e útil." (*Trattato di Diritto Penale*, edição da Casa Valladrido, vol. I, p. 229.)

Não é diferente a manifestação doutrinária de Franz von Liszt, no seu monumental *Tratado de direito penal alemão*:

"A possibilidade de uma fuga vergonhosa ou perigosa não exclui a legalidade da defesa: mas a defesa deixa de ser legal, se é possível escapar à agressão sem ignomínia ou sem perigo." (Vol. I, p. 231.)

No caso do tenente Dilermando de Assis, todas essas ponderações jurídicas são acrescidas de uma importantíssima ponderação médico-psicológica: ele não era, no momento de principiar a reagir, uma pessoa apenas agredida, um oficial militar apenas atacado por um seu inferior; era, já, um homem mortalmente ferido, em cujo organismo se operavam fenômenos depressivos e perturbadores de inegável gravidade e de alta significação, refletindo na sua inteligência e na sua vontade. O acusado tinha lesados os dois pulmões, o diafragma e o fígado; seu aparelho respiratório, de cuja função depende essencialmente a vida, estava prejudicado; não o estavam menos os órgãos circulatórios, também primordiais na mantença da harmonia vital.

De par com a depressão física, ocasionada pela hemorragia interna, a anemia cerebral consecutiva tinha necessariamente de dificultar a formação das ideias e influir na determinação dos atos, tornados reflexos, impulsivos, pouco ou nada conscientes.

Nem se argumente com a calma atual do acusado, que lhe permite expor compridamente os fatos e descrever, até certo ponto, a cena deplorável. Ele pôde vir fazendo isso, com maior ou menor precisão, desde o Conselho anterior, ajudando as suas reminiscências com os fartos recursos dos autos – exames periciais, depoimentos de testemunhas – e com os raciocínios deduzidos desses elementos de convicção.

Desde que o derrame interno do sangue, motivando a perturbação do aparelho circulatório, lhe anemiou o cérebro; desde que ele se sentiu combalido física e intelectualmente, com a visão diminuída, com a palavra quase tolhida pela dificuldade de respiração, só persistiu o instinto de conservação, o *ultimus moriens*, esse que leva o náufrago a arrancar ao companheiro de infortúnio a tábua de salvação, que atira inconscientemente umas sobre outras as pessoas que tentam fugir de uma casa incendiada.

Na hipótese, se verificou um caso em que a legitimidade do ato foi entrevista no começo da ação e o resto resultou das condições anormais em que a agressão colocara o agredido.

Ele, em verdade, não podia perceber, em tais condições, se a arma do atacante continha ou não continha outros projéteis. Para ele, a agressão era atual, porque estava diante de si, arma em punho, o homem que o ferira mortalmente. Quando o agressor tombou, ferido de morte, ele também caiu, desfalecido, e só deve a vida à força de resistência do seu organismo e aos solícitos cuidados médico-cirúrgicos que lhe foram prodigalizados. Pode-se, até mesmo, afirmar que, desfechando contra seu agressor o seu revólver, apenas carregado com três balas, o tenente Dilermando antevia a morte, e no começo da sua ação, quando ainda lúcido, tinha tão somente em vista não morrer como um covarde, desmoralizando a farda que até hoje tem sabido honrar.

Mas, conforme dissemos, a lucidez bem depressa se dissipou. O decorrer da ação não pode, nem deve ser imputado a quem agia, se bem que movido por um impulso legítimo, já em estado de semi-inconsciência.

Ora, se a doutrina e a legislação admitem, em países cultos, a impunibilidade dos que se defendem mesmo com algum excesso, quando esse excesso não lhes é bem consciente por estarem tomados de simples emoção; como recusar a absolvição ao tenente Dilermando, quando não está juridicamente provado o excesso, em vista das contradições manifestas das testemunhas, e, se estivesse, militava em favor do acusado o seu estado de profunda anormalidade psicofisiológica, resultante das lesões recebidas antes de principiar a agir?

A opinião do público sensato e imparcial, alheio aos corrilhos de intrigantes e de perseguidores apaixonados, francamente é favorável ao tenente Dilermando de Assis, porque cada um julga o caso em sã consciência e não pode negar que ele procedeu como humanamente lhe era dado proceder. Exigir o contrário fora o mesmo que querer enxergar na figura do acusado um tipo de sacrificado super-humano, aspirando às bem-aventuranças da outra vida e por isso entregando a terrena à sanha incontida de um agressor injusto.

A condenação do acusado, pela recusa da justificativa da legítima defesa, equivaleria, além de tudo, a um triste conselho de covardia e de vilipêndio pessoal, transmitido aos oficiais do brioso Exército Brasileiro.

(a) EVARISTO DE MORAIS

20

Um livro para preservar a justiça

Dilermando de Assis tinha sido absolvido pela justiça dos homens e estava em paz com sua mulher e filhos. Mas ele quis deixar tudo convenientemente registrado, escrevendo e publicando o livro *Um conselho de guerra – A morte do aspirante de*

Marinha Euclides da Cunha Filho – Defesa do tenente Dilermando Cândido de Assis (Rio de Janeiro, Tipografia dos Anaes, rua S. José, nº 41, 1916).

Essa obra foi saudada pelo escritor Jackson Figueiredo, em artigo publicado na revista *Brasilea*, em maio de 1917:

Um Conselho de Guerra
(Defesa do tenente Dilermando de Assis)
Jackson Figueiredo

O tenente Dilermando de Assis foi talvez o único personagem da tragédia que não fez partido no jornalismo desta capital. Porque até o próprio barão de Werther teve por si um jornal que demonstrou claramente o procedimento miserável dos que deixaram absolutamente impunes os responsáveis pela sua morte. Dilermando de Assis só teve em redor de si a curiosidade infernal dos que procuravam rebaixá-lo em meio da tragédia monstruosa duas vezes representada. E a última vez sabe Deus quais foram os encenadores.

Seria longo analisar os motivos da campanha injusta de que foi alvo constante. Um deles, porém, e o mais nobre, foi a popularidade de que gozava o autor de *Os sertões*, popularidade que nos honra, pois é demonstração de que, pelo menos, de vez em quando, já se opera, entre nós, o milagre de estimarmos seriamente o que é nosso, o que é caracteristicamente brasileiro. Mas a verdade é que essa admiração por Euclides da Cunha não devia ter incidido com o ódio a um moço, de altas qualidades, impelido tragicamente para a maior desgraça que temos presenciado nesses últimos anos. Creio que ninguém mais admira Euclides da Cunha do que eu próprio, mas o meu amor pela sua obra me impõe o dever de acautelar-me contra mim mesmo e não tem o poder de impedir o que julga de justiça com relação ao tenente Dilermando de Assis, mesmo porque deve cessar a ação de toda admiração de ordem literária, ou não, quando está em jogo o que de mais alto devemos a nós mesmos e aos nossos semelhantes – o que é o amor à verdade.

No primeiro ato da tragédia de que fez parte Dilermando vemos dois personagens mais: Euclides da Cunha e sua esposa. Poderemos julgar com justiça o que foi Euclides da Cunha como esposo, e se, na verdade, concorreu para o estado deplorável do seu lar? Não. Entretanto, é necessário lembrar o que um seu amigo íntimo, Júlio Bueno, caráter adamantino e inteligência de escol, disse de público. As suas preocupações intelectuais...

Afinal, fosse o que fosse, a verdade é que Euclides da Cunha não era um bom esposo, na opinião de quem, tão de perto, conheceu aquele lar infeliz. Da mulher, em torno de quem houve essa sucessão de desgraças, é também impossível um julgamento seguro. Aceito o que disse Júlio Bueno, dela e do marido, o que de mais justo se poderá induzir, transcendentalmente, porque caímos no domínio infinito das conjecturas, é caso comum das adúlteras pela força do abandono em que se veem.

Eis por que o adultério, mais das vezes, fica no quadro do que os criminalistas italianos chamam de passiva, isto é, que a sociedade tem maior culpa do que a criminosa, que é sempre uma vítima também. Não quer isso dizer que nego a liberdade do indivíduo e aceite as conclusões materialistas da escola chamada positiva. Não. O que é admissível é que essa liberdade pode deparar-se com maior ou menor número de circunstâncias que a diminuam. E eis por que muitas vezes um ato livre pouco reprovável pode ter consequências funestas, pois, determinando uma mudança, pequena que seja, no mundo exterior, refletir-se-á mais claramente no estado depressivo em que caso estamos, e isso acaba por não nos deixar forças para resistir às tentações maiores. A poesia adivinhando as conclusões da ciência já o dizia pela pena do velho Hugo:

Nunca insulteis uma mulher caída. Ninguém sabe que peso a impeliu...

Quanto a Dilermando de Assis ao que se reduz tudo que dele se disse é que seu crime "é ter amado, aos dezessete anos, uma mulher casada, cujo marido não conhecia e se achava ausente, em paragens longínquas, sem mesmo ser lembrado sequer por inanimada fotografia". Quantos os que de boa-fé, seguros de si mesmos, o apedrejarão?

Depois as cenas de sangue vieram como consequências de preconceitos sociais, os mais terríveis que nos jugulam. E é preciso notar que eu não os condeno. A vida humana é um mistério inexplicável. As sociedades são sistemas de equilíbrio à beira do abismo que rodeamos desde as nossas origens. Quem sabe o que criou tal preconceito? Quem nos dirá que os males causados por eles não são menores do que os que nos assaltariam se não nos protegêssemos com a aparência absurda desses mesmos preconceitos? Eu, quando os julgo com serenidade, tenho sempre em mente a palavra de Pascal – de que "a natureza é eminentemente dogmática". O maior sábio na sua maior sabedoria, e só nos cabe sofrê-la com dignidade, que essa é a maior grandeza do ser pensante, e é o que constitui a sua liberdade.

Entretanto, como o preconceito é fórmula enigmática da nossa estática social, é quase sempre pela violência que se rompem os laços que ele dá.

Daí o crime e a tragédia de todos os dias. Dilermando de Assis, em plena adolescência, teve de bater-se contra essa coisa cega que traz em si a sabedoria dos séculos. A pedra ia esmagá-lo, lutou, desviou-a e sacudiu-a ao abismo. Euclides da Cunha, apesar do seu gênio, foi ali como uma pedra desprendida do alto da montanha social. Ia cego, ia matar, feriu, despedaçou e morreu, porque a fatalidade instintiva, o instinto de conservação do homem, a mesma que existe em todos nós, era superior ao seu desvario.

Na outra cena, em que saiu morto o pobre rapaz insultado por tantos ventos maus, a figura de Dilermando obedece à mesma fatalidade, ao mesmo instinto de defesa, o mais justo, somente vivificado em sua pessoa por uma coragem acima do comum.

Nos dois atos sangrentos, Dilermando de Assis matou defendendo-se, e por sua vez caiu ensanguentado, banhado no próprio sangue, pagando assim quase com a vida um erro com que outros passeiam em ostentação de luxo e cinismo.

Não será nunca com justiça que se dirá de um homem como Dilermando que é um miserável. Tanto na vida das nações, como na dos homens, por maiores que sejam os seus erros, é justa a defesa, a mais desesperada, se tem, como certo, que fraqueá-la é morrer. Foi o que fez Dilermando de Assis. Só Jesus Cristo se deixou matar sem um protesto – mas era isso coragem de ordem divina. A miséria da nossa natureza vê no calvário o ideal supremo; mais do que o podemos julgar de nós mesmos, nunca poderemos condenar que o maior criminoso conserve em si o que é fatal em todo homem, isto é, o amor por esta vida tão triste.

No caso de Dilermando de Assis, o crime foi mais um produto da fatalidade social que a objetivação da sua vontade. O livro que acaba de publicar é a exposição dos fatos que antecederam as duas cenas dolorosas e a sua defesa das muitas acusações infames de que foi vítima. Parece impossível que haja quem desrespeite a desgraça. Mas no seu caso o desrespeito se fez tão violento que, hoje em dia, não creio que exista quem, serenados os ânimos, não se revolte contra tanta injustiça.

Em seu livro *Um conselho de guerra*, Dilermando de Assis transcreve a sentença que o absolveu:

Vistos e examinados os autos, documentos, depoimentos de testemunhas, interrogatório e mais peças deste processo, de Conselho de Guerra, em que é réu o segundo-tenente do 12º Regimento de Cavalaria Dilermando Cândido de Assis, acusado de crime de homicídio por haver no dia 4 de julho do corrente ano, cerca das treze horas, no cartório do 2º ofício da 1ª Vara de Órfãos e na rua Menezes Vieira, desta capital, desfechado três tiros de revólver contra a pessoa do aspirante a guarda-marinha Euclides da Cunha Filho, produzindo-lhe três ferimentos, um dos quais foi causa eficiente de sua morte (auto de autópsia a fls.); considerando preliminarmente que o delito militar é porque o agente e o paciente são militares – o réu, segundo-tenente de Cavalaria do Exército, e o falecido, aspirante de Marinha, isto é, aluno de uma escola militar, sujeito a tribunal e penas militares (art. 190 do Código Penal Militar) e "de meretis"; considerando que o fato acusatório está absolutamente provado (auto de autópsia, depoimento das testemunhas e confissão do réu); mas considerando que a agressão da qual resultou o homicídio do aspirante foi imediatamente precedida de um ataque inopinado e imprevisto por parte deste contra o réu, visto como está provado que estando o réu a ler um documento ou ato judiciário no referido cartório de pé e de costas para a rua, junto à mesa do escrevente Octávio Meilhac, o aspirante ali penetrou empunhando um revólver e imediatamente e de surpresa desfechou contra o réu cinco a seis ininterruptos tiros que causaram as lesões descritas nos autos de corpo de delito e sanidade a que foi o mesmo réu submetido; ainda considerando que ante o inesperado ataque, e no correr dele, o réu caminhando a passos rápidos e céleres até a calçada fronteira ao cartório que fica situado num andar térreo voltou incontinente ao local da agressão empunhando um revólver Smith and Wesson, que sacara do bolso traseiro da calça durante o seu movimento de retirada e alvejou por três vezes o seu agressor, que se mantivera no mesmo local a princípio em atitude de provocação e após o primeiro tiro, de defesa, procurando fazer do corpo do escrivão José Luiz Fernandes, com quem se agarrara, barreira contra os tiros desfechados pelo réu; considerando mais que o réu assim procedendo agiu em defesa legítima de sua pessoa, concorrendo em seu favor os quatro requisitos exigidos pelo art. 28 do Código Penal Militar; com efeito considerando que houve atualidade da agressão na rigorosa técnica da lei e de acordo com a jurisprudência dos tribunais e com a interpretação dos escritores de direito e dos jurisconsultos; visto como, dada a situação anormal do réu no momento em que agiu, situação que se pode considerar e definir como compete, a perturbação da inteligência, tal o inopinado da agressão e suas consequências imediatas, ferimentos gravíssimos produzindo hemorragia interna na sede dos mesmos ferimentos, pulmão, fígado, pleura e diafragma, o réu não estava em calma, nem raciocínio podia ter para calcular se findara a agressão por parte do aspirante; e mais considerando que pela mesma razão de surpresa do ataque se lhe tornara prevenir ou obstar a ação nem invocar nem receber socorro da autoridade pública, sendo de notar-se que o imprevisto e a brutalidade do ataque produziram estupefação e pânico nos presentes, que ou se retiraram sob a ação do pavor, ou ficaram inertes e inermes; ainda considerando que o réu empregou meios adequados à proporção da agressão, revólver contra revólver; e considerando que se provocação houve partiu ela do aspirante; finalmente, considerando que ao militar não é permitido fugir a uma agressão, acovardando-se sob pena de desonra; o Conselho de Guerra, por unanimidade de votos, absolve o acusado segundo-tenente Dilermando Cândido de Assis da acusação que lhe foi intentada por julgar o crime justificado pela justificativa da legítima defesa, prevista no art. 26, parágrafo 2º do Código Penal Militar.

Fica suspensa a execução desta sentença, em consequência da apelação necessária interposta para o Supremo Tribunal Militar, na forma da lei.

Capital Federal, Auditoria de Guerra do Departamento da Guerra, 27 de setembro de 1916. (Assinados) Joaquim de Moraes Jardim, auditor. Manoel Liberato Bittencourt, major, presidente. Christiano Alves Pinto, capitão, interrogante. Agrícola Câmara Lobo Béthem, segundo-tenente. Luiz Santiago, segundo-tenente. Alberto Glória Puget, segundo-tenente. Álvaro Guerreiro Bogado, segundo-tenente.

Em sessão realizada a 8 de novembro, o Supremo Tribunal Militar se pronunciou através de extenso acórdão, com estas palavras finais:

> Um organismo ferido de morte, em quase desfalecimento, reage irregularmente sobre o que o rodeia e assim sem condições de medir a reação. Desse modo, sob esse aspecto encarada ainda a questão da proporcionalidade da reação, assim, portanto, examinando o caso dos autos em suas frases de direito, no conjunto dos elementos que fornece o processo, com os fundamentos aludidos, negando provimento à apelação e confirmando a decisão proferida pelo Conselho de Guerra, mandam que seja o réu posto em liberdade. Supremo Tribunal Militar, 8 de novembro de 1916. F. Argolo (presidente), Júlio de Noronha, Carlos Eugênio L. Medeiros, Olympio Fonseca, Marques Porto, Vespasiano de Albuquerque, Júlio de Almeida, Vicente Neiva (relator), Acyndino Vicente de Magalhães, com restrições quanto à interpretação dada ao art. 77 da Constituição, E. de Arrochelas Galvão.

Talvez, a página mais importante de *Um conselho de guerra* seja exatamente a primeira. Tem a seguinte dedicatória:

> A ti, esposa amiga, mais do que a ninguém, pertence este livro.
>
> Elaborado foi para julgamento humano; mas, tendo sempre como proeira a tua imagem dolorida, caldearam-no as tuas lágrimas e o meu sangue injustamente derramados.
>
> Ao teu mártir coração de mãe ferido seria uma pretensa reparação, se acaso à lucidez de teu equilibrado espírito algo de minha conduta se houvesse menos digno afigurado.
>
> Conheces-me a alma e as intenções, disseste, e nenhuma injustiça me poderias fazer, como não fizeste. Como eu, responsabilizaste, pela tua magma dor, a sociedade: fui-lhe passivo instrumento mecânico.

Disponho já de tua franca e sincera absolvição, só almejo render-te, e à tua bondade, mais uma homenagem de veneração, mais um preito da grande estima que te consagro, do que uma satisfação.

Recebe-o, pois, e medita-o, que sofraldarás toda a cruel verdade.

21
A vida tranquila de Anna em Bagé, Rio Grande do Sul

Após a publicação de *Um conselho de guerra*, Dilermando de Assis ainda publicaria outros dois livros abordando novos aspectos da *tragédia da Piedade*. Em 1946, saiu *Um nome, uma vida, uma obra*, em colaboração com o jornalista Ângelo Cibela; e a seguir, *A tragédia da Piedade*, num lançamento de *O Cruzeiro*, que teve três edições.

Na bibliografia da *tragédia da Piedade* faltava um livro. Judith Ribeiro de Assis considerou isso uma tarefa de sua vida. Primeiro teve de convencer a seus irmãos a aceitar a ideia, uma vez que ainda optavam pela vontade da mãe de jamais divulgar a sua participação nos acontecimentos. Enfim, submeteram-se à persistência de Judith.

– Papai foi a julgamento e foi absolvido. E a minha mãe? A tragédia que se abateu sobre minha mãe, com o próprio filho tentando matar o marido, primeiro a desnorteou completamente. Veja a sua reação através daquele bilhete que escreveu, momentos depois da tragédia. Como a minha mãe poderia supor um acontecimento daquele? Nunca ela poderia imaginar que o filho tentasse vingar Euclides. Afinal, ele frequentava a nossa casa, dormia lá. Lembro-me dele lá em Realengo, na fazenda. Lembro até de um detalhe. O banheiro dos meninos era fora da casa, era de tábuas. E através das frestas eu ia espiá-los tomar banho. Tinha apenas três anos de idade. E foi assim que aprendi a me enxugar. Vi os meus irmãos esfregando a toalha nas costas, assim, pegando em cada ponta da toalha e passando-a nas costas. Enxugo-me até hoje dessa forma e lembro a cena vista quando criança. Lá estava Quidinho. E esse rapaz tenta matar o meu pai, e é morto. Mas a minha mãe continuou casada com Dilermando, continuou ao lado desse homem que matou o seu filho. E, por isso, a sociedade, os jornais da época nunca se cansaram de agredi-la. Nunca alguém se levantou em defesa dessa mulher que, mesmo sabendo que o marido havia matado um filho seu, permaneceu a seu lado. A vida toda me acompanhou esta pergunta: será possível que não há sentimento, pois tantos atacaram essa mulher, mesmo depois daqueles inúmeros sofrimentos?

Quando Anna de Assis teimosamente insistiu com o seu primeiro marido pedindo o divórcio; quando ela enfrentou a sociedade e todos os ataques, altiva e senhora de uma personalidade invulgar, ela apenas lutava pelo direito de amar e de ser feliz. E ela conseguiu alguns anos de felicidade. Foi em Bagé, no Rio Grande do Sul, uma cidade bem distante do Rio de Janeiro.

Dilermando de Assis matriculou-se no curso de engenharia no princípio de 1916 e diplomou-se com distinção no ano de 1918. Foi o primeiro lugar da turma. Um ano antes tinha sido promovido a primeiro-tenente.

Formado em engenharia ele pôde ser designado para servir no sul do país, onde irá construir o Quartel de Bagé. Nessa cidade, realizou outras obras de engenharia. A sua atuação destacada como engenheiro não se restringe apenas a Bagé. No Rio de Janeiro, ele será o responsável pela urbanização e locação do bairro Leblon e pela construção de prédios residenciais; em Castro, fará o levantamento da planta da cidade e o projeto de águas e esgotos. No currículo de engenheiro de Dilermando de Assis ainda constam muitas outras realizações, merecendo destaque também a elaboração do plano rodoviário do estado de São Paulo, no governo do general Waldomiro Castilho de Lima.

A promissora carreira de engenheiro de Dilermando de Assis se inicia em Bagé. E a sua vida familiar, à época, como seria? É assim recordada por Judith:

– Da maior felicidade. Era lindo. Era uma vida maravilhosa. Tínhamos tudo. Tanto conforto. É que minha avó materna, Túlia, tinha falecido e deixado uma herança para minha mãe. Daí que papai comprou três casas conjugadas e transformou-as numa só. Era uma casa enorme. Muito conforto. E a vida transcorria serenamente. Papai ia para o trabalho, quando ele voltava, mamãe o recebia com muito carinho, tirava as botas dele, buscava uma bacia, lavava os pés dele, depois ceávamos. Os fins de tarde eram calmos, os dois cantavam juntos, brincavam, riam. Tratavam os filhos com muito carinho. Toda noite tínhamos em casa verdadeiros saraus. Era canto, declamação, papai tocando violão, fazia-nos cantar, a Laura tinha de recitar *Pintainho do pato*. Nós éramos uma família muito organizada. O padre da cidade frequentava a nossa casa, ia lá jogar gamão. Era ele e outros amigos de papai. Jogavam xadrez, dama, pôquer. Eu aprendi a jogar pôquer no colo do meu pai. Era pequenininha. Aprendi vendo-o jogar com os amigos. Essa movimentação era praticamente todas as noites. E mamãe fazia chocolate, bolo de milho, servia sempre uma ceia, na maior felicidade e contentamento. Era uma família. Família mesmo. Éramos papai, mamãe, seus cinco filhos e tio Dinorah. Nessa época, tio Dinorah, já muito doente e quase que inteiramente aleijado, morava em nossa companhia. Papai tudo fazia por ele. Procurava sempre minimizar seu sofrimento, o que dia a dia se tornava quase impossível. Imagine o que é um ex-jogador de futebol, um atleta, reduzido a uma cadeira de rodas, dependendo de seu irmão para sobreviver, amargurado por uma vida inútil? Luiz sempre se recorda de que nessa ocasião, quando ele já tinha dez anos, tio Dinorah, apoiado em uma bengala, punha-se de pé, pedia uma bola e queria ensinar ao Luiz como chutá-la, afirmando que o faria um craque de futebol. De forma que, afora a presença de um trágico passado, nossa família passava por momentos de tranquilidade e paz. Papai se encontrava numa situação financeira muito boa, resolveu montar uma olaria, era uma olaria muito boa. Tinha três compartimentos. E os fornos, ele batizou com os nomes de suas três mulheres: S'Anninha, Laura e Judith. A nossa situação na sociedade de Bagé era invejável, a nossa casa era muito frequentada. Enfim, tudo corria tão bem que, quando papai anunciou a sua intenção de voltar ao Rio para cursar a Escola Superior de Guerra, minha mãe ficou contra e a ouvi várias vezes dizer a ele: *Dilermando, não vamos. Nós estamos tão bem aqui. O Rio é a nossa desgraça.*

22
E éramos tão felizes no Rio Grande do Sul

O Rio é a nossa desgraça.

Anna de Assis fez essa afirmação. E a repetiu, insistiu com o marido para que permanecessem em Bagé. Ela discutiu, implorou. E não foi atendida.

– Eu os ouvia discutindo no quarto – diz Judith. – Sempre fui muito bisbilhoteira, então, ouvia as conversas e, se percebia alguma discussão, ficava aflita e queria saber o que estava acontecendo. Enfim, de nada adiantaram os argumentos de mamãe. Meu pai não atendeu a seus rogos, a seus pedidos. E éramos tão felizes lá.

Foi durante o período em que o casal discutia sobre a volta ou não para o Rio que Luiz contraiu tifo. Esteve muito mal, quase morreu. Recuperou a saúde e o pai mandou-o para o Rio, internando-o num colégio. Passado pouco tempo, toda a família se transferiu para o Rio. Todos os bens imóveis em Bagé foram vendidos. A mudança se deu para a casa da Dias da Cruz, 313, no Méier.

A princípio, não ocorreu nenhuma transformação na vida familiar de Anna e Dilermando.

O ano é 1922 e Dilermando se vê promovido a capitão. Nesse mesmo ano, classifica-se em primeiro lugar na prova de tiro de fuzil, na inauguração do estádio militar. Faz o curso da E.A.O., alcançando o primeiro lugar entre os da sua arma. No ano seguinte, inicia o curso da Escola do Estado-Maior. E conquista a medalha de honra e o título de Grande Campeão de Tiro do Brasil.

Por toda a sua vida Dilermando de Assis foi um exímio atirador.

– Papai seguia a carreira militar obtendo promoções, conseguindo elogios, louvores. E a sua vida familiar no Rio, em 1922, 1923, ainda era muito feliz. Lembro-me da festa de quinze anos do meu irmão Luiz. Foi na casa da Dias da Cruz. Foi uma festa lindíssima. Eu fiquei deslumbrada. Era então uma menina de nove anos. Vejo ainda a mamãe com um vestido de lamê, todo dourado, ela uma beleza de mulher, uma presença deslumbrante ao lado de papai cheio de medalhas, todo garboso, eles dançando, valsando. E aquela beleza de festa! Assim, a vida era mais ou menos a mesma de Bagé. Aí veio a revolução de 1924. Após a revolução é que tudo se modificou.

A 7 de junho de 1922 era proclamado o 12º presidente do Brasil, o mineiro Artur Bernardes, eleito a 1º de março. Encerrava-se o governo de Epitácio Pessoa. Após uma série de desavenças eleitorais, surgia a perspectiva de paz no país com a posse do novo mandatário. Uma questão de pequena importância levou o presidente Epitácio a punir o marechal Hermes da Fonseca, ex-presidente do país e de prestígio inabalável nas fileiras do Exército. Quando Epitácio decretou a prisão do marechal Hermes, acionou o estopim de uma revolta nos meios militares, que explodiu a 5 de julho de 1922, na cidade do Rio de Janeiro. Essa revolta não se alastrou entre outros militares descontentes pelo resto do país e se restringiu ao forte de Copacabana. Foi rapidamente sufocada e ficou conhecida na história brasileira como a revolta tenentista dos "dezoito do forte". No entanto, evidenciou-se que entre os militares existiam descontentes também com o presidente Artur Bernardes, recém-empossado, que acabou fazendo um governo quase sempre sob o estado de sítio.

Quando se comemorava o segundo aniversário da revolta de Copacabana, eclodiu nova rebelião, agora em São Paulo, sob a chefia do general Isidoro Dias Lopes. Contra as forças legalistas, lutaram os militares descontentes e, diante de iminente derrota, estes se retiraram para o interior do estado, seguindo depois para o Paraná.

O país encontrava-se em estado de sítio e assim se manteria até o fim do governo de Bernardes. Em outubro de 1924, outra revolta de forças militares; desta vez no Rio Grande do Sul, sob a direção do tenente Luís Carlos Prestes. No ano seguinte, abril de 1925, encontravam-se no Paraná as tropas de São Paulo e as comandadas por Prestes, originando-se a famosa Coluna Prestes, que percorreria o país espalhando o seu apelo revolucionário, perseguida implacavelmente pelas forças legalistas de Artur Bernardes.

A Coluna Prestes se dissolverá apenas em março de 1926, embrenhando-se em território boliviano e desistindo de derrubar o governo Bernardes, já que o mesmo se findou para empossar o novo eleito, Washington Luís.

Na carreira militar do general Dilermando de Assis consta a seguinte anotação:

> **1924 – Comanda o Regimento Provisório "Dilermando", na coluna de operação no Sul, durante a revolta. O general Azevedo Costa, comandante da coluna, se referiu ao capitão Dilermando assim: "agradeço a esse bravo e valoroso oficial os inestimáveis serviços prestados à legalidade e louvo-o com muito prazer pelas admiráveis qualidades de caráter reveladas na angustiosa situação em que os acontecimentos o colocaram e onde se houve com tanta nobreza e galhardia."**

Dilermando de Assis participou das campanhas militares nesse período de revoltas e batalhas ao lado das forças legalistas.

– A vida militar de papai não tem um senão – diz Judith. – Já sua vida familiar merece alguns reparos. Ele voltou da revolução muito diferente. Mais agressivo. E datam dessa época seus primeiros desentendimentos com mamãe. Às vezes, ele se desculpava pelos momentos agressivos, dizendo que foi muito perseguido durante a revolução e que chegou a ter a cabeça valendo um prêmio de cinquenta contos. E aconteceu, certo dia, uma briga mais séria entre os dois. Ele se descontrolou de tal forma que mamãe resolveu sair de casa, e levou todos os filhos. Mas isso por apenas um dia. A partir dessa briga, eles não se entenderam mais. Estavam em constante desacordo, principalmente na forma de educar e criar os filhos. Ele internou Luiz e João no Colégio Militar. Mamãe detestava isso. Ela queria os filhos juntos dela. Já tinha perdido quatro filhos, então ela tinha uma aflição, um pânico terrível do que poderia acontecer com os demais. E todos éramos agarradíssimos com ela, claro, diante de tanta atenção e cuidado. Eu e minha irmã Laura fomos internadas no Colégio Nossa Senhora da Piedade. Veja, então, papai queria afastar os filhos da mamãe. Era uma coisa estranha isso. Não sei por que razão. Foi uma revolta, a mamãe ficou desesperada. Nós ficamos apenas quatro meses no colégio. Porque ficamos doentes. De saudades da mamãe. Ela nunca nos visitou no colégio. Saíamos de quinze em quinze dias. E na semana que recebíamos visita, ele ia, ela, não. Não sei por quê. Então, eu e Laura morríamos de saudade da mamãe. Eu dormia agarrada com o cinto da mamãe. Para sentir seu cheiro. O cheirinho. Minha irmã também. Dormia agarrada com um pedacinho de roupa. Era assim, essa coisa inexplicável. Sempre aquele desespero. Ficamos de tal maneira doentes que ele foi forçado a nos tirar do internato.

Como Anna e Dilermando estavam sempre em desacordo nas questões domésticas, o tratamento dispensado aos filhos era também diferenciado.

– Se mamãe queria os filhos juntos dela, os filhos também queriam estar com ela. O João, interno no Colégio Militar, uma noite, fugiu. Fugiu e veio para casa. Não podia dormir dentro de casa, com medo de papai, então dormiu num banheirinho que existia fora da casa. Quando papai levantou-se pela manhã e descobriu o João dormindo lá, deu uma surra nele, uma surra de talabarte.

Cenas idênticas a essa se repetiram e levaram Anna de Assis ao desespero. Ela reagia e não aceitava aquele procedimento truculento do marido. Aos gestos de autoritarismo, ela respondia com a sua altivez e valentia. Por isso, brigavam, desentendiam-se com maior constância.

Para os seus acessos de cólera e agressividade, Dilermando de Assis ainda se desculpava com as sequelas das batalhas da revolução de 1924. A moldura de uma foto que pertence a Frederico tem esta dedicatória:

Ao meu traquinas Frederico Guilherme, como recordação da campanha do Alto Paraná, em que por duas vezes seu pai milagrosamente salvou a vida, ofereço-lhe esta lembrança.

Rio, 10-X-24.

Dilermando.

Anna de Assis esperava que com o passar do tempo Dilermando se acalmasse e tudo se normalizasse. E isso não acontecia. O que a levou a investigar a vida do marido fora de casa.

23
O mistério se escondia numa rua do Encantado

O ambiente familiar naquela casa do Méier não era mais de felicidade e paz. Tudo para Anna de Assis era inexplicável e confuso, até certa manhã em que começou a se movimentar em busca de uma solução.

Ela sabia que era uma mulher chegando aos cinquenta anos e que o seu companheiro ainda mantinha a virilidade de quem não chegou aos quarenta.

Se lhe passou pela alma o momento de dúvida, não negaceou em agir e desfazer incertezas. Era uma mulher decidida. Sempre foi. Desde menina, quando, curiosa, assistiu àqueles homens importantes, em sua casa, tramarem a queda do Império. Foi ali que ela aprendeu que se os destinos de uma nação se fazem com as vontades do homem, os caminhos de uma mulher se podem também ordenar por sua ação e desejos. Até ali sua vida tinha sido uma prova insofismável de determinação, e não seriam os anos, o raiar da velhice, que iriam quebrantá-la.

Na véspera daquela manhã de chuva, Anna de Assis já havia combinado com um motorista de carro de aluguel para que a apanhasse na porta de sua residência, por volta das dez horas.

Pontualmente, lá estava o veículo. Os filhos de Anna de Assis espalhavam-se por aquela casa, grande e confortável, cada um distraído com os afazeres normais de crianças e de adolescentes daquela época.

Foi com certo nervosismo que a mãe percorreu a casa e escolheu uma das crianças para acompanhá-la. Muitos anos depois, Judith não saberia explicar o que levou a mãe a chamá-la e determinar que a acompanhasse. Certamente, essa ordem dada naquela manhã estabeleceria uma cumplicidade entre mãe e filha que se estenderia até o fim da vida de Anna de Assis.

Judith, nos seus doze anos de idade, seguiu a mãe, entre curiosa e aflita. A angústia vinha muito mais dos gestos ansiosos e tensos da mãe do que da imprevista saída. Ainda mais que ela não conseguiu explicar à filha para que lugar se dirigiam e qual a finalidade do passeio.

A chuva aumentou e o motorista foi obrigado a arriar os impermeáveis, prendê-los aos ganchos das portas do carro, de forma a, além de proteger as passageiras da chuva, impedir que fossem vistas pelo lado de fora.

Isso naturalmente satisfez Anna de Assis. Ela conseguiu se acalmar, e o seu semblante perdeu o tom angustiado. Foi com a voz pausada que ela indicou um endereço ao motorista.

Naquele momento, Judith não raciocinou nada. Apenas não atinava com as intenções da mãe. Somente depois de adulta é que pôde compreender a sequência dos movimentos. Se

Anna de Assis indicou aquele endereço com tamanha certeza e para o local se dirigia naquele dia e hora, era porque já sabia da cena que iria presenciar, tendo a filha como testemunha.

O carro se encaminhou para o interior do bairro do Méier, seguindo para os lados do Encantado. Ao atingir a rua desejada, Judith ouviu o motorista afirmar:

– É aqui.

O carro ainda rodou alguns momentos, e Anna de Assis mandou que o motorista estacionasse. A chuva fina persistia, os impermeáveis continuaram fechados.

Judith se conteve calada, apenas observando o silêncio da mãe. Ela olhou para fora do carro e viu uma rua com uma série de casas baixas, muito parecidas.

A rua está deserta. Nada se ouve. Nem mesmo o barulho da chuva, muito mais uma simples garoa.

Judith, impaciente, não tem com que se distrair. Por isso, imediatamente, por trás do impermeável embaciado, ela percebe que alguém sai de uma daquelas casas baixas, não muito distante do carro estacionado. A água escorrendo pelo celuloide amarelado não permite que ela veja melhor, até que o homem desce um degrau saindo da casa e surge uma mulher, seguindo-o. Juntos, abraçados, caminham pela estreita ruazinha do jardim plantado em frente à casa.

Eles caminham em direção à rua, param, beijam-se, reiniciam a caminhada, ainda abraçados e completamente distraídos.

Somente quando chegam ao portão, e ele beija mais uma vez a mulher, e se vira para se retirar, é que aqueles pingos de chuva permitem que Judith identifique aquele homem.

– Mamãe, olha o papai.

Ela quase gritou. Ela disse mamãe, alto, mas disse papai com a voz enfraquecida, como que compreendendo finalmente o motivo daquele estranho passeio.

Anna de Assis, ao ouvir a filha quase gritar, num gesto rápido, tapa a boca da menina com a mão. E as duas ficam nessa mesma posição, mais alguns momentos, já que Dilermando de Assis, antes de se retirar, ainda se volta e beija outra vez aquela mulher que o deixa sair após alguns afagos e carinhos.

Finalmente, Dilermando de Assis se afasta da casa, seguindo em direção oposta ao lugar onde estava estacionado o carro com a sua mulher e filha.

Anna de Assis retira a mão da boca da menina, sabe que o motorista percebeu todas as intenções daquela pequena corrida, mas não se permite nenhum comentário. Ela apenas ordena:

– Vamos voltar para casa.

Anna de Assis regressava para casa, sabendo que o marido, que saía para o quartel entre quatro e cinco horas da manhã, antes de voltar para o almoço, passava por uma rua do Encantado para se encontrar com a amante. Ele estaria apaixonado e por isso vivendo momentos de dúvidas e incertezas?

Ele tinha de um lado S'Anninha, um dia sua grande paixão, bem como cinco filhos, a responsabilidade de pai e, além do mais, aquele passado, público e devassado. De outro, a nova paixão? Estaria aí a explicação para sua radical mudança diante da mulher e dos filhos?

Judith recorda:

– Depois que mamãe descobriu aquilo tudo, a vida familiar se tornou insuportável. Nenhum dos dois cedia um milímetro em suas posições nos entraves domésticos. Eram personalidades muito fortes. Tudo piorou mais ainda depois da descoberta da mamãe. A vida corria assim até que mudamos do Méier para a rua São Januário, em São Cristóvão. Lá ficamos por um ano e pouco. A casa da São Januário tinha uma escada de mármore e por baixo dela havia o chamado porão habitável. Papai passou a residir nesse porão. Mas fazia as refeições lá em cima. Não eram refeições amigáveis, eram refeições com brigas, com acontecimentos constrangedores. Hoje, eu fico triste de relembrar tudo isso, mas preciso contar a verdade, mostrar por que meus pais se separaram. Sei que de certa maneira estou condenando meu pai. Mas tenho de falar a verdade. Foi em certa manhã que, após um desentendimento, meu pai disse um palavrão horroroso. Após essa briga é que mamãe nos chamou e comunicou que o abandonaria. Nós ficamos espantados, pois não comentávamos um com o outro o que se passava, o que acontecia. Nunca um irmão chegou para o outro e comentou por que papai e mamãe tanto brigavam. Eu jamais contei a qualquer irmão a cena que vi com a minha mãe. Não trocávamos ideias sobre aqueles acontecimentos. E nenhum filho comentou com o irmão que o pai procedia com maldade, que era injusto. Nunca discutimos a vida deles. Ou opinamos.

Anna de Assis foi a mulher que um dia saiu de casa, abandonando Euclides da Cunha, para viver seu grande amor com Dilermando de Assis. Alguns anos mais tarde, depois de todas as tragédias e sofrimentos, essa mesma mulher não titubeou em chamar os filhos e comunicar:

– Eu vou embora desta casa. Se quiserem ficar com o pai de vocês, fiquem. Eu vou embora.

Momentos depois ela viu os cinco filhos, dois adolescentes, três crianças, cada um com a sua malinha na mão, prontos para acompanhá-la. E saíram todos, sem nem saber para onde ir.

Ao marido atordoado, ela esticou o dedo e o condenou:

– Você é o único homem que não tinha o direito de prevaricar.

24
Onde estão as outras vítimas deste trágico enredo?

Manoel Afonso da Cunha, o filho caçula de Anna e Euclides, crescia perseguido pelos falsos protetores, verdadeiros algozes, constantemente enredado em assuntos envolvendo a morte e a obra do pai.

Não dez, nem vinte, mas inúmeras vezes ele teve de contestar, ora enfrentando os inimigos da mãe, ora aqueles que se locupletavam com a herança deixada pelo escritor.

Para se ter ideia de como avançaram e a que ponto chegaram os obreiros euclidianos, transcrevemos um artigo que Manoel Afonso publicou no jornal *Rio-Imparcial*, de 24 de fevereiro de 1921. Registre-se que o grêmio Euclides da Cunha referido não é o de São José do Rio Pardo, fundado em 1925 e mais conhecido.

UMA SENTENÇA INJUSTA

> Tendo o brilhante jornalista, o senhor Orestes Barbosa, redator de *A Folha*, há tempos publicado um artigo em que acusava o grêmio Euclides da Cunha de apoderar-se de obras do seu patrono, publicando-as, apossar-se do produto da venda dessas obras, o mesmo grêmio entendeu de processá-lo por crime de injúria e calúnia.
>
> O processo correu um tanto tumultuadamente porquanto testemunhas que como eu deviam ser chamadas a depor, visto que fora eu quem, em entrevista publicada em *A Folha*, dera a denúncia ao senhor Orestes, nunca foram ouvidas a respeito. O principal responsável por tudo quanto foi publicado sou eu, visto como o jornalista Orestes Barbosa transmitiu ao público o que lhe relatei.

A sentença do juiz, injusta porquanto o senhor Orestes Barbosa foi apenas o transmissor da queixa que eu fiz, apesar de injusta veio tornar patente que eu só disse a verdade e que aquele jornalista não transmitiu aos seus leitores uma notícia falsa, tanto que o condenou apenas por crime de injúria, isto é, por julgar veemente demais a sua linguagem contra os indivíduos que, à sombra do nome do meu infeliz pai, arranjaram um grêmio donde têm auferidos largos proventos. Esses bens, que me pertencem, estão sendo gozados por Venâncios e outros seus colegas que vivem à tripa forra à custa do que me pertence.

A sentença do juiz, injusta como já disse, veio provar no entanto que Orestes Barbosa é um jornalista que honra a sua classe e trabalha para manter-se, não fazendo como os que inventaram esse grêmio clandestino a fim de viver à custa das glórias, do trabalho e do nome de Euclides da Cunha.

O juiz, decidindo o caso como decidiu, veio confirmar tudo quanto Orestes Barbosa disse contra os diretores do grêmio, por meu intermédio, provando que tal grêmio não tem existência real e nem tem sede, como querem fazer crer os que o dirigem e de quando em vez fazem inserir notícias nos jornais, iludindo os incautos e continuando assim a locupletar-se com os rendimentos resultantes das publicações dos trabalhos do saudoso autor de *Os sertões*, o meu inolvidável pai, por cujo pensamento nunca passou a ideia de que semeava para que viessem a colher dos frutos Venâncios e outros indivíduos, que se constituíram numa verdadeira quadrilha para assenhorar-se do que me cabe por legítima herança.

Certamente o juiz que condenou o jornalista Orestes Barbosa vai muito breve por luminosa sentença condenar Venâncio e seus comparsas pelo feio crime de se apoderarem do alheio...

Fico aguardando a sentença para elogiar o senhor juiz por esse ato que toda a opinião pública aplaudirá, vendo que nesta terra não ficam à solta os ladrões.

A seguir, *A Folha* publicou esta reportagem:

UMA CONDENAÇÃO QUE ABSOLVE

O juiz Almiro Campos não reconheceu calúnias nas reportagens da *A Folha*.

Felizmente, o juiz Almiro Campos salvou a reputação deste jornal, não pronunciando por calúnia o nosso companheiro Orestes Barbosa, que entrevistou o filho do saudoso acadêmico Euclides da Cunha, demonstrando ao público que os bens do infortunado jovem foram assaltados por um grupo que tem por chefes Francisco Venâncio Filho, presidente do grêmio clandestino do qual é advogado Humberto ou Ernesto de Basconcelos Brasil.

O despacho do juiz, pronunciando o jornalista por injúrias – o excesso de linguagens dos seus artigos –, muito honra o trabalhador de jornal que vê o seu nome salvo da pecha que, além de tudo, os seus acusadores lhe pretendiam atirar.

É curiosa agora a posição das testemunhas, os senhores Maurício Jopert, Raja Cabaglia, Edgar Sussekind e comandante Coriolano Martins, que são, afinal, solidários com um indivíduo que merece a execração pública.

Além de Manoel Afonso da Cunha, alguém mais sofria os efeitos daqueles 13 tiros do dia 15 de agosto de 1909: Dinorah de Assis.

25
A vítima esquecida de Euclides da Cunha

Com este título, "A vítima esquecida de Euclides da Cunha", o jornalista Acélio Dauat escreveu para o jornal *Folha da Tarde*, de Porto Alegre, em 22-10-1946, um artigo sobre Dinorah de Assis. Seu fragmento inicial relembra a tragédia vivida pelo irmão de Dilermando.

> **Já lá vão quase quatro décadas que Euclides da Cunha foi morto; muito se tem dito a respeito de seu homicídio, muitas fábulas cresceram à sombra que embrusca, nalguns aspectos, o acontecimento trágico; e quanto mais esse episódio doloroso das letras brasileiras recua, passado adentro, menos fácil tem sido separar o fantasioso do verídico, mais entressachados parecem estar os fios da lenda com os fios da história.**
>
> **Dilermando de Assis, o matador do maior estilista do Brasil, ainda vive; foi autor involuntário de duas tragédias, cuja única culpa lhe vem sendo imputada – culpa que parece crescer à proporção que cresce a glória póstuma de sua vítima insigne; e, também, foi espectador, atônito e angustiado, de uma terceira tragédia que, deliberadamente, vem sendo furtada à primeira plana da ribalta, para que se não enodoe o grande nome daquele que a provocou: Euclides da Cunha.**
>
> **Dilermando de Assis ainda vive; e viveu o bastante para assistir, em todos os detalhes, à concretização de terrível drama, iniciado pelo seu inimigo – drama que parece materializar uma maldição, nos moldes da tragédia grega, a se desenvolver, aos poucos, diante de seus olhos qual uma punição propinada às gotas, a fim de que o tormento, se possível, dure toda a eternidade.**

Muito se fala nas tragédias que motivou Dilermando de Assis; pouco, ou nada, naquela, não menos terrível, que nasceu da bala assassina, de Euclides da Cunha: a bala que se alojou na espinha dorsal de Dinorah de Assis, irmão idolatrado de Dilermando.

Cerca de vinte anos antes, o jornal carioca *O Sport*, de 24-06-1929, já havia prestado esta homenagem:

UM ASTRO QUE RUTILOU NO CÉU DO PASSADO

Não se esqueceram os botafoguenses de Dinorah de Assis

O Botafogo F.C. fez celebrar, na matriz de S. João Batista da Lagoa, uma missa por alma de Dinorah de Assis – dos "players" do célebre conjunto alvinegro de 1910.

Para os "sportmen" de hoje, o ato singelo e tocante não pode ter grande significação e não passou além do registro feito pela imprensa. Os da velha-guarda, entretanto, os que lidaram e conheceram Dinorah, ou os que o assistiam no campo de luta, sim, bem podem compreender que a missa mandada rezar pelo clube alvinegro foi, além de um ato de religião, um preito de saudade ao companheiro que, envergando a camisa alvinegra, trabalhou com bravura e lealdade para a conquista do título do "glorioso"com que, até hoje, é conhecido o tradicional clube.

A SUA FAMA FOI DESDE LOGO CONFIRMADA

Foi há vinte e um anos passados que Dinorah surgiu na nossa capital. Vinha da Pauliceia com fama de ser excelente zagueiro. E isto ficou demonstrado logo na primeira partida em que tomou parte, envergando a camiseta rubra do América. É que Belford Duarte, paulista também, capitão do alvirrubro, alistou-o logo no seu clube. E Dinorah, que não tinha ainda predileção, não se recusou a aceitar o oferecimento de Belford para disputar o campeonato de 1908 pelo referido clube. A sua atuação foi magnífica e o seu nome correu logo pela cidade, sendo comparado com os beques da época, como fossem: Victor Etchegaray, Pullem, Octavio Werneck, Belford Duarte e Armínio Motta.

Formou, em 1908, uma zaga formidável com Belford Duarte, e o quadro do América enfrentou com galhardia o Fluminense e o Botafogo, os dois mais afamados quadros do ano, sendo que este último foi vencido num dos jogos pelo "team" alvirrubro.

O CORAÇÃO PULSOU... BOTAFOGO!

No ano seguinte, 1909, Dinorah estava no apogeu da sua gloriosa carreira. E era belo de ver-se, garboso na sua farda de aspirante de Marinha, cheio de vida e mocidade, como um tipo perfeito de atleta que era.

Neste ano, o coração falou mais alto. Dinorah afeiçoara-se ao Botafogo e, não podendo resistir, deixou o América para envergar a camisa alvinegra, entre o delírio da grande assistência adepta do Botafogo, que já era, como hoje, um brado de guerra nas lutas esportivas.

E Dinorah brilhou, nessa temporada, como um astro de primeira grandeza. No jogo returno contra o Fluminense, aliás a principal partida do ano, pois que decidia o campeonato, o Botafogo foi de rara infelicidade. É que, uma semana antes, Dinorah, por questão que não vem ao caso narrar aqui, recebeu um bala que lhe interessou um dos pulmões. Sete dias depois, o grande "player", contra toda expectativa, entrava em campo para defender o Botafogo. A sua resistência de moço e o amor ao seu clube levaram-no a tal imprudência. E Dinorah jogou como mestre, embora o Botafogo perdesse pela diferença de um gol, pois que o quadro tricolor logrou triunfar por 2 × 1.

Em 1910, o "Ano do Glorioso", Dinorah formou com Pullem a zaga do "team" e tornou-se campeão da cidade. Fez parte, pois, do célebre conjunto que foi a maior glória do Botafogo e, fazendo parte, foi um dos seus maiores baluartes.

Em 1911, logo ao iniciar o campeonato, uma questão, no jogo contra o América, levou o Botafogo a se afastar da Liga, para só voltar em 1913. Dinorah, porém, não voltou mais... Os anos correram e a sua fama foi desaparecendo, até que um dia chegou a triste notícia de sua morte. Os "sportmen" do passado lamentaram e o Botafogo se cobriu de crepe. Aquele moço forte, garboso na sua farda, havia falecido. Bem diz o poeta nos seus versos maravilhosos que a mocidade é como a cotovia de ouro que nasceu e morreu numa manhã de abril.

AS QUALIDADES DO "PLAYER"

Dinorah de Assis, como acima já falamos, era um zagueiro completo. Se nos tempos atuais os quadros são mais perfeitos em técnica, pelo maior entendimento do jogo de conjunto, o que se não pode negar é que, nos tempos de outrora, em jogo isolado pelo menos, "players" existiam superiores talvez aos de hoje. E – note-se bem – naqueles tempos que já se foram, quando se praticava o esporte pelo esporte e os jogadores não tinham sequer o dinheiro para o jantar e o automóvel, o "player" não procurava o jogo violento como caminho de uma vitória que não pode ter significação.

Exemplo de lealdade, honrando a farda gloriosa da Marinha que envergava nas ruas e a camisa alvinegra do valente Botafogo com que aparecia nos campos, Dinorah tinha todos os recursos sem que se desviasse das regras do "association". O seu chute firme e seguro, nos momentos de "scrimages" perigosas, enviava a esfera para longe entre o delírio da multidão entusiasmada. Colocava-se perfeitamente, deixando livre o arqueiro, e – já naquele tempo, ao invés do chute a esmo, procurava sempre entregar a pelota ao "half" um ardor digno de realce e não tinha, como muitos "players" de agora, pretextos fúteis para não jogar. Era um botafoguense de coração.

Tal, em resumo, o que foi, em esporte, Dinorah de Assis, o jovem aspirante de Marinha, que aqui surgiu em 1908 e desapareceu pouco depois de 1910, para murchar como uma flor em plena primavera da vida, deixando os seus amigos de outrora envoltos na nuvem da saudade que, de quando em quando, turva o céu azulado, onde brilha o sol radiante dos botafoguenses.

A reportagem do jornal *O Sport* informa equivocadamente que Dinorah de Assis foi ferido no pulmão. Na verdade, o tiro de Euclides da Cunha o atingiu junto à nuca. Exatamente o quarto, quando Dinorah procurava fugir do escritor. Antes, foi alvejado de raspão, apenas, no braço e seu lado esquerdo.

Em consequência do tiro na nuca, Dinorah ficou hemiplégico.

Paralítico, teve interrompidas as suas carreiras na Escola Naval e como jogador de futebol.

O artigo do jornalista gaúcho Acélio Dauat, "A vítima esquecida de Euclides da Cunha", em seu trecho final, reforça o sentido do trágico que uniu esses personagens:

> Aleijado, amparado num bastão, com sua carreira na Escola Naval destruída, remoendo, por isso, implacável ressentimento, afastado de todos os prazeres singelos e puros da mocidade, tolhido na sua virilidade – Dinorah carregava o desgosto profundo de precisar deixar o mundo, no qual apenas entrara, sem dele tirar nenhum proveito. O aleijume apartara-o, irremediavelmente, da mais humilde felicidade. Restava-lhe, apenas, agora, provocar os gozos fáceis da embriaguez nos contubérnios de lupanares. Enveredou-se por esse caminho, o único por onde o compeliam suas trôpegas passadas.
>
> E nesses sítios escusos foi que o demônio da tragédia o tomou, de novo, pela mão:

Com o organismo combalido pelas insônias orgiásticas, comprometido pela toxidez etílica e, finalmente, infectado pela sífilis, Dinorah, ao cabo de pouco tempo, e sem remédio possível, mergulhou na demência. E, ao chegar nesse ponto, seu caminho trágico encruzilhou com o do irmão. Dinorah, em sua loucura, entrou de desavir-se com Dilermando, precisamente aquele que mais o amava, aquele que tudo fora capaz de fazer para tê-lo hígido e triunfante, aquele que, por vê-lo assim, sofria todas as amarguras dantescas da compunção, por isso que se considerava como o causante involuntário de mais esta desgraça: a invalidez do irmão. Sim! Seu irmão adorado, seu Dinorah, seu querido Dinorah, também ele, agora, o hostilizava! Já não bastava vê-lo aleijado, já não bastava vê-lo demente; precisava, agora, tê-lo quase como um inimigo!

Tentou ainda, num derradeiro impulso de carinho, dar um pouco de conforto ao malfadado irmão. Mas este, se o não recusou, tampouco o aproveitou. Antes, degradava-se mais e mais, até necessitar da caridade alheia, andando, andrajoso, pelas ruas, a pedir esmolas. Ao irmão, porém, não mais quis recorrer.

Um dia, num lampejo de razão, tomou consciência de sua inutilidade. E não mais teve dúvida: dirigiu-se ao cais do porto, arrojando-se n'água. Terminara seu papel na tragédia "Assis". Fora, na sua loucura, o instrumento escolhido pelo destino para vingar Euclides da Cunha. Mas, ele próprio, era uma vítima de Euclides. Sua vida miserável era irmã germana de *Os Sertões*, ambos nascidos da mesma destra, a mesma que guiou a pena, a mesma que premiu o gatilho...

Mas a tragédia continua, agora, apenas, encovilhada nos recessos de uma alma incompreendida, cuja nobreza, obstinadamente, se tem querido deixar sem aplauso. E esse personagem, o único que resta em cena, diante de três cadáveres, há-de exclamar, como o desventurado Édipo:

"Oh Deus! Que quisestes fazer de mim?"

A reportagem do jornal *O Sport* de 1920 está correta quando informa que Dinorah defendeu o Botafogo na partida de domingo, 22 de agosto de 1909, contra o Fluminense.

No domingo anterior, ferido pelo tiro de Euclides da Cunha, ele foi medicado em hospital militar e, no dia seguinte, já comparecia à delegacia de polícia para prestar depoimento sobre os acontecimentos em sua casa. Como o depoimento foi divulgado pela imprensa com diversas incorreções, tornou à delegacia para esclarecimentos. Viveu, realmente, uma semana conturbada, nervosa, além de sofrida, devido aos três ferimentos a bala. No entanto, seria apenas um simples espectador do drama amoroso Anna, Dilermando e Euclides, se duas balas não o atingissem. Se em algum momento agiu, buscando auxiliar o irmão e a futura cunhada, foi para atender a solicitações. Como a que lhe fez Anna, pedindo que no sábado, 14 de agosto, fosse até a rua Nossa Senhora de Copacabana. Sua missão era comunicar ao escritor que Anna e o filho Luiz se encontravam em Santa Cruz. Lá no subúrbio havia chegado a notícia de que Euclides procurou pela mulher na casa da sogra, no campo de São Cristóvão. O estado de ânimo exaltado do escritor colocou Anna apreensiva e ela teve intenção de voltar à sua casa, em Copacabana. Como Dinorah, ao se aproximar da casa de Euclides, notou-lhe em grande alvoroço e maiores exacerbações de ânimo, resolveu regressar à Santa Cruz e informar à Anna da impossibilidade de um entendimento com Euclides. Devido ao relato de Dinorah, que chegou a ouvir alguns gritos do escritor amaldiçoando a mulher, Anna decidiu não regressar ao lar.

Essa participação de Dinorah nos fatos elevou-o à posição de cúmplice na morte do escritor, quando ele nunca passou de apenas uma vítima. Se uma infeliz manhã de domingo não tivesse existido em sua vida, sua fama teria sido outra, ou apenas aquela conseguida nos campos de futebol como beque do Botafogo. É mesmo inacreditável que, ferido a bala em um domingo, venha a jogar no seguinte uma partida de final de campeonato.

Mais curioso, no entanto, é reler as notícias dos jornais da época que, em vez de considerá-lo um atleta incomum, chamaram-no "escandaloso". Em notícias sobre Dilermando de Assis, Dinorah é mencionado como "cúmplice".

> Correio da Manhã, 23-08-1909
>
> Seu irmão Dinorah tomou parte no grande match de futebol de desempate, entre o Botafogo F.C. a que pertence e o Fluminense F.C.
>
> O fato despertou muitos comentários.

> *O Paiz*, 23-08-1909
>
> Uma nota final
>
> Causou grande estranheza e mesmo indignação entre todos que assistiam ontem ao return match do Fluminense contra o Botafogo ter Dinorah de Assis tomado parte nessa festa e, o que é ainda mais notável, não estando incluído no team que se mediu contra o campeão. Por muito amor que ele tenha ao sport inglês, esperava-se que, na situação especial em que se acha, envolvido na emocionante tragédia da Estrada Real de Santa Cruz, se abstivesse de uma tal exibição.
>
> Ao que consta entre os espectadores do match, Dinorah pretende brevemente exibir-se do mesmo modo em São Paulo, o que quer dizer – reincidir no escândalo.

Sob a nossa ótica de hoje, este comentário jornalístico de *O Paiz* soa, no mínimo, como um equívoco ridículo.

Pode parecer absurdo que Dinorah de Assis tenha jogado futebol com uma bala encravada em sua espinha dorsal. No entanto, o fato se deu, confirmado pelas notícias dos jornais e até mesmo no relatório do delegado de polícia Oliveira de Alcântara, encerrado a 10 de setembro de 1909 e publicado na íntegra pelo jornal *Gazeta de Notícias*. Esse relatório contém as inúmeras inverdades, refutadas por Dilermando de Assis, como as deste parágrafo final:

> **Para documentar a insensibilidade moral, a ausência dos elementos que disciplinam os homens normais e lhes moderam a ação, basta lembrar que Dilermando, ao dar as suas primeiras declarações, procurou construir a hipótese de que o doutor Euclides da Cunha, homem próximo de genialidade, era um quase demente, impulsivo e insano; e Dinorah, poucos dias após o evento que abalou de surpresa, dor e piedade a cidade do Rio de Janeiro, ousava – insensível e risonho – comparecer a uma partida pública de futebol de "maillot" e calção, jogando vivaz e alegre com afronta aos sentimentos de piedade de uma sociedade inteira.**

A história do Botafogo está registrada no livro de Alceu Mendes de Oliveira Castro, *O futebol no Botafogo (1904-1950)*, edição do autor, em que aparece, à página 46, no capítulo referente à temporada de 1909, o seguinte comentário:

> A 22 de agosto, no campo do Fluminense, feriu-se o encontro decisivo contra este clube e após uma luta gigantesca o Botafogo foi derrotado por 2 × 1. Gilbert fez o nosso gol nos últimos momentos e os tricolores resistiram aos nossos impetuosos ataques, tendo sido este o time: Coggin, Pullen e Octavio; Rolando, Lulu e Viveiros; Millar, Flávio, Dinorah, Gilbert e Emanuel.

> Dinorah, nosso grande e infeliz zagueiro, atuou de centroavante contra o tricolor, ainda ferido, como consequência da terrível tragédia, em que as circunstâncias envolveram-no acidentalmente, sem que tivesse a menor culpa.
>
> Afastado do quadro para refazer-se, teve, depois, o mais completo apoio de nossa desassombrada diretoria, quando cancelou uma excursão a São Paulo, cuja Liga pedira sua exclusão da embaixada. E o clube apoiou-o, pela voz da assembleia geral de 15 de outubro, que ratificou a atitude da diretoria, defendendo o nosso bravo jogador, absolutamente inocente no tristíssimo caso em que se envolvera um seu parente e o escritor Euclides da Cunha.

Ainda no livro do senhor Alceu Mendes de Oliveira Castro, pode-se constatar que o craque Dinorah voltou a se apresentar a 12 de setembro contra o time do cruzador inglês *Amethyst* e, a 26 de setembro, disputou o jogo oficial contra o América, cujo resultado foi empate de 1 × 1.

Na temporada de 1910, Dinorah disputou nove partidas dos dez jogos oficiais. O Botafogo sagrou-se campeão e o time ganhou nesse ano a alcunha de "glorioso". Foi em 25 de setembro, em seu campo, a partida final contra o Fluminense. Venceu por 6 × 1. Formou com: Coggin, Pullen e Dinorah; Rolando, Lulu e Lefévre; Emanuel, Abelardo, Décio, Mimi e Lauro.

Dinorah de Assis jogou pelo Botafogo a 7 de maio de 1911, no Velódromo, em São Paulo, um jogo interestadual, no qual seu time foi vencido por 2 × 1 pelo forte quadro do São Paulo Athletic, que seria o campeão paulista do ano.

A 14 de maio desse mesmo ano, contra o Rio Cricket, vencido pelo alvinegro, por 3 × 0, Dinorah de Assis atuou pela última vez no quadro principal do Botafogo. A 25 de junho jogou como goleiro do 2º time, na vitória de 8 × 0 sobre o 2º time do América. E foi esta a última apresentação do jogador

Dinorah pelo alvinegro, registrada no livro *O futebol no Botafogo (1904-1950).*

Quando o autor desse livro comenta sobre o time glorioso de 1910, ele transcreve uma crônica da *Ilustração Sportiva*, publicada quinze anos depois, em 1925, em que Dinorah de Assis é relembrado como um dos importantes jogadores do time campeão de 1910:

> **É que o glorioso clube alvinegro apresentou-se, no referido ano, com uma formidável equipe, onde não havia falhas, quer na defesa, quer no ataque. O gol estava ainda sob a vigilância de Ernesto Coggin que, se não foi um guardião de primeira ordem, jamais comprometeu sua equipe. (...) Dinorah e Pullen eram os zagueiros. O primeiro, astro de grande brilho, era o melhor beque do ano, sendo que o grande Vitor, do Fluminense, já em decadência, figurou apenas em dois ou três jogos. Dinorah estava no apogeu da sua carreira esportiva. Zagueiro como poucos têm aparecido no Rio de Janeiro, conhecendo todos os segredos do futebol, o seu jogo firme e a sua calma assombrosa fizeram delirar os muitos apaixonados do glorioso Botafogo. Pullen, embora lhe fosse inferior, era, por sua vez, um excelente "full-back".**

Somente em 1913, em São João Del Rei, foi extraída, pelo doutor Ribeiro da Silva, a bala que atingiu Dinorah em sua espinha dorsal. Já então, estava muito doente, em consequência do ferimento. Suicidou-se em 1921, em Porto Alegre, no cais do Porto, jogando-se na água. Está sepultado em São Paulo, no cemitério Irmandade do Santíssimo Sacramento da Catedral de São Paulo, no jazigo da família, ao lado dos pais e do irmão.

26
Monteiro Lobato consulta a própria consciência

Durante anos, jornalistas e escritores procuraram Anna de Assis em busca de depoimento sobre *a tragédia da Piedade*. Argumentavam que ela possuía motivos relevantes para refutar acusações.

Respondia apenas:

– Eu não tenho de me defender. Eu não tenho do que me defender.

E reforçava o seu raciocínio:

– A minha defesa é o meu silêncio.

Não compareceu às redações dos jornais e não foi aos livros de história para modificar lendas e desfazer equívocos.

Dilermando de Assis escreveu livros, publicou cartas e foi entrevistado. Pôde, principalmente, provar a inocência e debater a principal acusação que lhe impunham: a de ter sido protegido de Euclides da Cunha.

Mas os equívocos renascem e se espalham pelas redações dos jornais brasileiros. Perduram nos setores de pesquisas dos jornais as frases que condenam: o assassino de Euclides da Cunha, Dilermando de Assis. Ou esta, da *Folha de São Paulo*, de 3 de setembro de 1986:

> **A infiel Anna era filha de general. *E o amante dela, o cadete Dilermando de Assis, também atingiria o generalato.***

Se a tragédia se fez com tiros e generais, o certo é que o Exército brasileiro sempre criou obstáculos para veicular notícias, não só envolvendo o militar Dilermando de Assis, como também o ex-militar Euclides da Cunha. Para se aprovar um roteiro de filme sobre a vida do escritor, a mesma *Folha de São Paulo* noticiou a 3 de setembro de 1986:

> As barreiras caíram no começo deste ano, mas ainda assim o apoio do Exército só saiu depois que o roteiro do filme foi examinado por três generais.

E, assim, filhos e netos de Anna de Assis convivem com embargos militares, frases de jornais que simplificam dramas e enodoam memórias.

Até que uma das filhas de Anna de Assis, Judith, surge e convence os irmãos a romper o pacto de silêncio.

Basta de tantas falsas lendas e tamanhas fantasias. E se a obra de Euclides da Cunha cresce no século e se torna clássica, imortal, não será preciso no dia a dia das notícias ressuscitar sua morte, Dilermando de Assis e Anna de Assis.

E nem se deseja nas páginas de um livro sobre a vida de Anna de Assis desmerecer o escritor Euclides da Cunha. Sua obra é intangível. O autor de *Os sertões* é uma glória da literatura universal. Isso é definitivo, irretorquível.

Já o homem Euclides da Cunha é um cidadão que amou, casou e foi infeliz em sua união conjugal. O casamento com Anna se deu pelos múltiplos interesses sociais de uma época. Se ele a amou, isso se deu ao enleio de atitudes ora violentas, ora mansas, algumas vezes indiferentes.

Enquanto Anna disse e reafirmou enfaticamente:

– Só se ama uma vez na vida.

E sua grande paixão foi Dilermando de Assis.

Não se tem por objetivo atacar e desmoralizar o cidadão Euclides da Cunha nestas páginas. O intuito é bem outro. Mas não se redime a viúva de Euclides desviando-se de fatos e de verdades.

Reafirma-se: o escritor Euclides da Cunha é inatacável. Já o homem merece alguns verbos que o sacralizam no rol dos pecadores. Não há como esconder atos, acobertar sequelas transparentes. Vamos buscar, inclusive, o reforço de pena mais ilustre, insuspeita, de probidade absoluta.

UMA TRAGÉDIA DE ÉSQUILO

Monteiro Lobato

Tivemos aqui entre nós, em 1909, um perfeito "caso de tragédia grega" – isto é, de tragédia caracterizada pela presença invisível da deusa Fatalidade. Os protagonistas – Dilermando, Euclides pai e filho e uma mulher – agiram todos como pedras de xadrez em movimento cego no tabuleiro. As pedras de xadrez movem-se – julgam-se mover-se; na realidade são movidas de acordo com os planos concebidos pelo jogador e que jamais serão penetrados.

Somos todos nós pedras de xadrez no tabuleiro da vida. Uns somos peões; outros, bispos; outros, torres; outros, cavalos – e rainha e rei. Hitler foi um rei de xadrez. Jogaram com ele uma tremenda partida – e ele sempre a julgar que quem fazia o jogo era ele. E como não ser assim, se ele era "rei"?

Pobres reis humanos, tão impotentes quanto os reis de xadrez – tão instrumentos do Algo Superior que os maneja como os reis de xadrez! Pobres peões humanos, tão manejáveis como os peões de xadrez! ALGUÉM brinca no tabuleiro da vida com o teatrinho de títeres que somos... Édipo, Jocasta, Orestes, Dilermando, Euclides...

Euclides era rei: Dilermando, pequenino peão. No tumulto do trama tecido pela Fatalidade, o rei enloqueceu e forçou o peão a matá-lo. Um regicídio! A sociedade sentiu o mais profundo dos abalos porque Euclides não era rei apenas por direito de nascimento, coisa medíocre: era um grande rei por merecimento, coisa grande. E todas as fulminações choveram sobre a cabeça do peão que teve de matar o rei. E a vida desse peão passou a ser um inenarrável martírio.

Mas, dadas as circunstâncias, que poderia ele fazer senão o que fez? Como agir de outra maneira, se somos títeres e quem dirige a trama é a grande jogadora de xadrez Fatalidade, a qual se utiliza de nós como simples peças, nunca se dignando nos revelar os objetivos de suas jogadas?

Para a sociedade não há crime maior que o de peão matar um rei; e pois tal fato só é possível quando a Fatalidade guia a mão do regicida.

A mim a tragédia Euclides-Dilermando me abalou profundamente. Sobre ela meditei muito tempo, dominado pela incerteza. Mas quando conheci todos os detalhes do processo, só então vi, senti em tudo a mão glacial e inexorável da Fatalidade – a mesma que levou aos seus crimes o inocente Orestes.

E uma coisa até hoje me pergunto: haverá uma só criatura normal das que olham Dilermando com horror, que, dentro do quadro daquelas circunstâncias, não fizesse a mesmíssima coisa? Que atacada por Euclides e o filho, tomados ambos de acessos de demência, não se defendesse, como Dilermando se defendeu?

Se ponho a mão na consciência e me consulto, sou obrigado a confessar que, dentro daquelas circunstâncias, eu – o maior devoto de Euclides – agiria tal qual Dilermando. O animal que há dentro de mim, ferozmente acossado pelo animal existente no atacante, reagiria em pura ação reflexa – e no ímpeto cego da legítima defesa mataria até ao próprio Shakespeare.

27
A vida isolada de Anna e filhos na Ilha de Paquetá

Quando Anna de Assis saiu de casa, seguida por seus cinco filhos, refugiou-se na Ilha de Paquetá. Ela estava com cinquenta e um anos e plenamente disposta a enfrentar as incertezas de uma vida solitária, com a responsabilidade de alimentar cinco filhos, além de Hidelbrando Saladino Monterroyos, que também adolescente residia em sua casa e resolveu acompanhá-la. Era primo de seus filhos, por parte de Dilermando. O pai, Eliseo Monterroyos, embaixador do Brasil na França nessa ocasião, devido a sua separação conjugal, deixou o filho residindo com o tio Dilermando.

Em 1926, Judith está com treze anos. Recorda com facilidade os acontecimentos na Ilha de Paquetá.

– Chegamos lá sem nada. Só aquelas roupinhas. Mais nada. Lá, naquele tempo, se chegava e dizia: *quero alugar aquela casa*, falava com o proprietário e estava tudo bem. Não tinha contrato, fiador, nada disso. Entramos na casa limpa. Não tinha nada. A casa era dois quartos e uma sala, cozinha, banheiro. Dormíamos eu, mamãe e Laura num quarto e, no outro, os meninos. Além de meus três irmãos, o primo Hidelbrando. Como antigamente se comprava fiado com facilidade, mamãe foi e comprou esteiras, comprou estrados, conseguiu o estritamente necessário para tornar a casa razoavelmente habitável. Mas ficou difícil sustentar toda aquela gente. Mamãe dividia com a tia Alquimena uma pensão do vovô, o marechal Solon. Era uma pensão pequena. Não dava. Éramos sete para comer. Daí que escrevi cartas apelando para papai nos mandar coisas. Isso depois que ele nos descobriu. Pois ele ficou muito tempo sem saber onde nós estávamos. Minha mãe saiu fugida mesmo. E ficamos escondidos durante muito tempo na Ilha de Paquetá. Depois ele nos descobriu. Não sei como. Mas mamãe nunca mais falou com ele. Ela nunca mais apareceu para ele. Quando ele esteve em Paquetá nos procurando, ela se trancou no quarto e não o atendeu. Respondeu a ele de dentro do quarto. Papai contou de seus sofrimentos de campanha na revolução, confessou que se encontrava um pouco perturbado, pediu que mamãe voltasse para casa. Durante essa discussão, mamãe reafirmava teimosamente que não voltaria de jeito nenhum, ele teve um rompante de raiva, de ódio. Ouvia a mamãe, tendo às mãos um pote de água. De repente, ele jogou esse pote na parede, espatifando-o. Mas ela não cedeu. E ele, em contrapartida, não nos ajudava em nada. Quis, através da pressão, que mamãe voltasse.

"Mas ela começou a cozinhar e dar pensão. Servia comida em marmitas. Ganhava um dinheirinho assim. Ela cozinhava muito bem. Aquela comida à antiga, muito gostosa. Daí, a vida foi melhorando. Mesmo assim, nós procurávamos papai, os filhos. Sabíamos onde encontrá-lo. Era no quartel-general do Exército. Fazíamos nossos pedidos através de cartas. Depois de muito tempo, ele passou a enviar um mínimo. Ele mandava o que queria. E mamãe trabalhando, trabalhando.

"Nós pescávamos, catávamos siris. Assim, íamos vivendo. Passando fome, apertos, frio, desesperos, sentindo falta de tudo da vida confortável de antes. Sem colégio. Enfim, tínhamos apenas o carinho da mamãe, o aconchego da mamãe. Até que papai resolveu colaborar mais, atendendo aos apelos de seus amigos. E amigos dele procuraram também ajudar.

"A senhora de Orestes Barbosa, dona Regina Nunes da Costa Barbosa, que vivia em Paquetá, tornou-se nossa professora, procurou suprir a falta de colégio, e assim fomos vivendo. Aquela mulher que teve tanto conforto, que chegou a viver rodeada de luxo, eu via cozinhar, com jornais embrulhados na cintura, com as mãos calejadas de tanto arear panela, esfregar fogão. As unhas viviam sujas, pretas de fuligem. Ah, como me lembro de minha mãe dessa época: muito gorda, muito barriguda, por causa de muito trabalho, as mãos cheias de unheiro, todas as unhas dela tinham unheiro. Essa micose come a unha totalmente, é horrível. Ela usava pomada basilicão por causa das dores terríveis que sentia. Ela trabalhava o dia todo. Sem tempo para se cuidar. Não deixava a gente fazer nada. Eu é que ficava ali no pé dela, *mamãe, eu quero ajudar,* ela não deixava, *não, não vai estragar as suas mãos, não pode,* brigava comigo. Ela cozinhava, lavava, passava, tudo, fazia tudo. E isso durante os quatro anos que moramos em Paquetá. Com o dinheiro das marmitas, o montepio do vovô, e depois a importância enviada pelo papai, fomos vivendo até 1930. Assim crescemos, assim passamos quatro anos.

Relembrados por Judith, são muitos os acontecimentos desse período de vida isolada em Paquetá. Marcantes, que se distinguiram para todos que com ela conviviam, sobressaem os fatos em que surgem a tenacidade e o estoicismo de Anna de Assis.

De certa forma, ela procurou transmitir aos filhos o seu caráter. Habitualmente, ela os convocava para preleções. Algumas moldaram a personalidade dos filhos, que cresceram imunes aos traumas de um passado adverso. Apesar de uma exposição repetida com frequência e caracterizada com ênfase especial:

– Tá na hora da preleção. Ouçam, crianças. Quando vocês crescerem, observem: as meninas não poderão errar, vocês são filhas de Anna de Assis. Os meninos não podem matar. Vocês são filhos de Dilermando de Assis.

Exaustivamente, Anna de Assis repetiu esse aviso aos filhos. E mantinha-os ao seu lado, debaixo de excessiva proteção e desvelo. Para suprir a educação escolar, bem como ensinar o convívio social, ela ministrava todas as lições, desde sentar à mesa e comer, até cruzar as pernas ou cumprimentar estranhos.

Não só durante os anos difíceis vividos na Ilha de Paquetá, como antes e depois, a inquietação básica de Anna de Assis foi com os filhos.

– Quando mamãe vivia com papai, e o relacionamento feliz entre eles havia terminado, a única preocupação de mamãe era com os filhos. Nunca cobrou nada para ela. Nunca. Jamais eu assisti à mamãe cobrar qualquer coisa para ela. Nem antes por tudo que sofreu, nem depois pela miséria que suportou. Nunca ela disse a meu pai, *você tem de fazer isto, você me deve, você tem de fazer isto por mim*. Não. Ela exigia para nós. Para ela, nada. Jamais ouvi qualquer coisa nesse sentido em todas as discussões entre eles. Ela nunca fez um lamento, uma referência ao passado, do tipo, *eu sofri por sua causa, você está sendo injusto, você mudou a minha vida*. Nada semelhante. Por exemplo, ela nunca disse a ele: *você matou um filho meu*. Não. Ninguém ouviu a minha mãe dizer isso. Nem quando ainda vivia com ele e se altercavam diariamente, nem depois de separados. Agora, para nós ela cobrava. *Você tem de alimentar, você tem de dar colégio, Dilermando, os meninos estão precisando de roupa, Dilermando, as crianças precisam disto, e daquilo outro*. Isso ela cobrava. E com insistência. Até me recordo agora, a briga dos dois, em que meu pai disse um palavrão. Foi por dois vestidos. Mamãe mandou fazer um vestido para mim e outro para Laura. Quando pediu dinheiro para pagar, ele respondeu com um palavrão. Daí, começou aquela briga violenta, que culminou na separação. A partir desse momento ela não cobrou mais nada e assumiu sozinha o encargo de educar e criar os filhos. Com todas as dificuldades e sofrimentos que se pode imaginar. Ainda por cima, carregando aquela cruz, ela era Anna de Assis, a viúva de Euclides da Cunha, morto tragicamente em duelo com seu marido, Dilermando de Assis, de quem agora vivia separada.

Logo que ocorreu a separação, Dilermando de Assis buscou a reconciliação. Como a mulher se manteve irredutível, ele procurou demovê-la através de pressões, principalmente negando-se a auxiliá-la financeiramente.

– A princípio, meu pai agia mais friamente. Depois, se notava uma raiva da parte dele por aquela teimosia da mamãe. Não acredito que ele quisesse mamãe de volta por amor ou simplesmente para refazer a vida de casal. Não. Ele estava vivendo um outro amor. Acredito que ele quisesse reconstruir o lar porque isso estava prejudicando-o tremendamente em sua vida militar. Então, por uma questão de vaidade, para dar satisfação à sociedade, ele queria refazer a vida com a mulher legítima. Afinal, o passado dele com mamãe não era segredo para ninguém, principalmente para aqueles companheiros de vida militar. Todos sabiam de tudo. Era uma vergonha para ele aquela separação. Por isso, ele queria voltar. Porque depois ele maltratou mamãe, atingindo a nós, os filhos. Porque, negando tudo à mamãe, principalmente apoio financeiro, para forçar a volta dela, ele sacrificava, sem dúvida, a nós, os filhos. Assim analiso tudo. Não era por amor.

No entanto, afora os sacrifícios de um isolamento e a falta de escola e estudos regulares para os filhos, Anna de Assis pôde oferecer à família, em Paquetá, uma vida livre, saudável e que, principalmente, serviu para unir os irmãos. Conseguiram ainda uma infância normal, sem as pressões de uma sociedade ávida por estigmatizar crianças e condenar inocentes.

Mãe e filhos estabeleceram uma rotina de vida em Paquetá e anos depois relembrariam aquele período com certa saudade e satisfação.

A preocupação básica de Anna de Assis na época era conseguir recursos para manter a sua mesa farta e propiciar aos filhos um conforto ao qual se acostumaram quando estavam sob a proteção paterna.

Além da rotina de cozinhar e atender aos fregueses de marmita, Anna de Assis tinha de viajar ao Rio de Janeiro, mensalmente, a fim de receber sua parte da pensão do marechal Solon Ribeiro. Era costume trazer Judith em sua companhia nessas viagens. Recebidos os proventos na pagadoria do Ministério, no centro da cidade, mãe e filha, normalmente, percorriam o comércio, adquirindo o necessário para a vida em Paquetá. Essas viagens mensais constituíam-se grande alegria para a menina Judith, pois além dos sorvetes e lanches, após a visita às lojas, ela sentia a satisfação de se tornar uma ajudante próxima da mãe e sua cúmplice nas preocupações e lides domésticas.

Certa manhã, Anna de Assis chamou os dois filhos mais velhos e comunicou:

– Hoje tenho de ir ao Rio receber a pensão do papai. Não vou levar a Judith. Vou na barca das dez horas e volto na barca de retorno. Dá tempo de receber o pagamento e voltar. Depois que eu sair, vocês contam para ela que eu fui.

E chamou Judith:

– Minha filha, vá passear de bicicleta agora de manhã e volte para o almoço.

O passeio pela Ilha de Paquetá, pedalando bicicleta, já naquela época, era um hábito de turistas e de moradores. Todos os filhos de Anna disputavam essa única bicicleta e aquela ordem da mãe significou para Judith a tranquilidade de grandes voltas sem confrontos e disputas com os irmãos.

E ela saiu, feliz, satisfeita, passeando pelas ruas e caminhos da ilha. O sol forte do verão carioca não incomodava a menina saudável e cheia de energia. Lá estava Judith passeando e abrindo sorrisos para as companheiras com as quais cruzava, quando uma inoportuna preocupação fechou o seu semblante.

Por que a mamãe foi tão parcial com ela naquela manhã, autorizando a bicicleta só para ela? E por que os irmãos não reclamaram, como habitualmente?

Isso bastou para que ela desse meia-volta e regressasse à sua casa. E antes mesmo de estacionar o seu veículo, ouviu os gritos alegres e brincalhões dos irmãos:

– Bem feito, bem feito, mamãe foi para o Rio e não te levou. Bem feito.

Frases revanchistas e normais de crianças.

Judith nem desceu da bicicleta. Enveredou para o lado do ancoradouro e pedalou enfurecida. No meio do caminho ouviu o primeiro apito de aviso, e ela se lembrou de que os três apitos de partida aconteciam num intervalo mínimo. Redobrou a pressa, os esforços, mas as duas primeiras lágrimas de mágoa surgiram. Quando ela ouviu o terceiro e último aviso, suas lágrimas já eram várias e gritava *mamãe*. Dobrou a esquina e viu a barca se locomovendo. Não desistiu. Pedalou e gritou:

– Mamãe.

A barca se afastava indiferente.

A menina chegou ao ancoradouro, jogou a bicicleta para o lado e mergulhou na esteira da barca que levava a mãe. Era exímia nadadora. Eram treze ou quatorze anos de juventude. Foi nadando atrás da barca. E iria até o Rio se os gritos dos passageiros não obrigassem o barqueiro a girar e retornar ao ponto de partida.

Anna de Assis desembarcou, abraçou a filha molhada de mar e lágrimas, e emocionou-se com aquela prova de amizade, amor e companheirismo. Adiou a ida ao Rio de Janeiro para o dia seguinte. E levou Judith.

28
Anna de Assis e filhos nunca viveram separados

Anna de Assis viveu com os filhos em Paquetá até adoecer, em meados de 1930. Mudou-se para o Rio. Primeiramente, seria apenas para tratamento de saúde. Toda a família veio para uma pensão à rua 2 de Dezembro, no Flamengo. Foram alugados dois quartos e a dona da pensão se tornou muito amiga de Anna de Assis. Procurou ajudá-la e atendia a todos com muita gentileza, tentando suprir as carências da hospedaria, muito humilde e desconfortável. Enquanto Anna de Assis recuperava a saúde, provavelmente ela teve impaludismo, os filhos tiveram oportunidade de conhecer o Rio de Janeiro. Entusiasmaram-se com a cidade e não quiseram voltar para Paquetá.

Luiz tinha vinte e três anos; João, vinte; Laura, dezoito; Judith, dezessete; Frederico, quatorze. Nessa época, Dilermando colaborava com uma pensão que, somada ao montepio do marechal Solon, determinou a possibilidade de uma mudança definitiva para o Rio. Foi alugada uma casa na rua Barão da Torre, em Ipanema, então um bairro em formação. Era uma casa de dois quartos; as três mulheres ficaram em um e os quatro rapazes no outro. Ainda aí, lá estava Hidelbrando, que praticamente foi criado como filho por Anna de Assis. Ele assistiu à vida de luta dessa mulher e sempre a considerou como mãe.

Duas palavras dignificam a memória da mulher Anna de Assis: mãe e amor.

Brigou contra todos por seu amor e contra tudo lutou por seus filhos.

Assim se fez mulher e mãe.

Os cinco filhos de Anna e Dilermando acompanharam a mãe por toda a vida. Durante os últimos anos de sua existência, constantemente afirmava:

– Sou a mulher mais feliz do mundo. Tenho cinco filhos que me adoram.

Esta é a certeza de uma mulher que sofreu muitas tragédias e desilusões. Mas nunca deixou de lutar e pensar nos filhos.

Separada do marido e enfrentando dificuldades, enviou este bilhete a Dilermando de Assis, no verso de uma fotografia da filha Judith, posada de joelhos e rezando:

> **Que sua súplica te dê luz para que vejas que todos precisam de instrução e que o tempo não está perdido para eles que são ainda muito crianças. O pai luta com a instrução para seus filhos como o náufrago contra as ondas coléricas, luta, luta e vence contra todos os ventos. O pai esforça-se, bate-se com todos os inimigos dos filhos, a preguiça, o mau gênio e até contra os vícios e vence. Eles se fazem ilustres. É com os filhos que os pais velhinhos vão fazer seu ninho, vão terminar seus dias, relicário de suas ilusões da vida passada. Meus filhos hoje, o meu nome é o de vocês. Eu sou o pai do doutor Luiz, doutora Laura etc. Sim. Porque o presente é presente.**

Na rua Barão da Torre, Anna de Assis recomeçou a vida no Rio. Primeiro, providenciou emprego para dois de seus filhos. Luiz e João estavam em idade de trabalhar. Apenas o caçula, Frederico, permanecia em tempo de estudar.

Para Luiz, ela conseguiu colocação na Marinha Mercante. João empregou-se como escriturário na Caixa Econômica Federal, através de um pedido feito a Flores da Cunha, na época em seu apogeu na política brasileira. Era amigo de Anna de Assis desde o tempo em que frequentava com assiduidade a casa do marechal Solon Ribeiro, no final do século XIX.

As duas moças prosseguiram os estudos, ainda com professores particulares, uma vez que, devido aos anos passados em Paquetá, não apresentavam currículo escolar para frequentar colégios.

Dilermando de Assis se propôs a pagar colégio para o menino Frederico, então aos quatorze anos. Internou-o no Colégio Grambery, em Juiz de Fora. Naquela época, era bastante comum os pais internarem os filhos em colégios. Alguns se destacavam e atraíam a atenção dos pais, merecendo a preferência. É o caso do Grambery, na cidade mineira que nunca foi de difícil acesso ao Rio de Janeiro.

A separação de pais e filhos era normal em época escolar. Encarada mesmo como uma rotina familiar sem graves questionamentos e como necessária para o melhor aproveitamento estudantil do adolescente, já que no colégio interno se obedecia a rígida disciplina voltada apenas para os deveres escolares. Nunca a separação de filho e mãe era dramática e motivo de exacerbado desassossego. Pois outro foi o proceder de Anna de Assis. Chorava diariamente a ausência do filho caçula. Lamuriava-se e reclamava de forma a parecer que seria eternamente infeliz se não tivesse o filho em sua casa.

Esta é uma verdade na vida de Anna de Assis: ela jamais suportou viver longe dos filhos. Da mesma forma, os filhos não viviam longe da mãe. Quando Luiz encontrava-se empregado na Marinha Mercante, realizando algumas viagens, acompanhava-o cartas tão saudosas da mãe que ele retornou um dia ao cais de partida e tratou de providenciar um emprego em terra, a fim de conviver diariamente com ela. E guardou com carinho a carta em que a mãe lhe escreveu a frase mais bonita de todas. E essa frase foi sempre importante para todos os filhos, tanto assim que conseguiram a fórmula de eternizá-la muito além de suas lembranças. Mas isso é assunto para o último capítulo.

Se Anna chorava saudades, o mesmo se dava com o filho Frederico em Juiz de Fora. Ele sabia que sua obrigação era permanecer no colégio, estudar e cumprir as tarefas escolares. Quando o pai o deixou lá, as recomendações foram severas e militares. Tratasse de recuperar o tempo perdido na Ilha de Paquetá. Aprendesse urgentemente as leis da aritmética e as regras do português.

O menino Frederico ignorou tudo isso. A saudade da mãe foi maior. Fugiu. Saiu de Juiz de Fora de carona, recolheu trocados e pagou passagem de trem, assustou-se com imprevistos, mas sabia o seu destino: rua Barão da Torre, a casa materna.

Depois de inúmeros afazeres domésticos, Anna de Assis se postou na janela de sua residência e admirava o entardecer carioca. Morava numa rua de vila, não muito distante do mar. Ipanema, na década de 1930, ainda era um bairro pequeno, com muito silêncio e paz. As crianças da rua Barão da Torre brincavam pelo pátio da vila. Meninos e meninas corriam e gritavam, e para Anna faltava ali o seu Frederico. Até que anoiteceu e os pais ordenaram que todos se recolhessem. As portas se fecharam e todas as crianças desapareceram. Anna continuou olhando a noite e de repente se lamentou:

— Estou morrendo de saudades do Frederico. Olha ele ali, paradinho, no portão da vila. Acho que estou tendo uma visão, estou com tanta saudade do Frederico que até tenho uma visão.

— Sou eu, mamãe, sou eu, o Frederico – o menino dizia, ouvindo a mãe reclamar de uma visão.

As recordações de Judith só confirmam esse amor:

– A dedicação de minha mãe aos filhos durou por toda a sua vida. Esteve sempre presente. Estava ao meu lado quando nasceram meus quatro filhos: Solon, Sônia, Ana Maria e Tânia. No nascimento de Sônia, a primeira neta, foi curioso. Comecei a sentir as dores de parto na noite de 17 de junho, e mamãe, segurando minha mão, pedia: *espera só mais um pouquinho*, *minha filha, espera o dia 18, quero uma neta, e quero no dia de meu aniversário*. E seu desejo foi satisfeito. Sônia nasceu aos quinze minutos do dia 18.

29
Manoel Afonso: um filho e irmão preocupado

A ausência de um filho foi problema para Anna de Assis sempre. Logo que se viu separada do marido e passando por dificuldades financeiras, recolhida em seu isolamento da Ilha de Paquetá, Manoel Afonso, residindo em Cordeiro, RJ, se propôs a custear os estudos de um dos irmãos. Lá mesmo em Cordeiro ou no Rio.

Este foi mais um gesto de Manoel Afonso que exemplifica como sempre esteve ao lado da mãe. Ele jamais deixou de repelir falsos protetores, os mesmos que constantemente providenciaram para que a morte de Euclides da Cunha fosse um estigma aguardando vingança.

Anna de Assis agradeceu a boa vontade e preocupação do filho para com os irmãos e argumentou que não aceitaria a ausência de nenhum deles, vivendo em Cordeiro ou no Rio.

O fato de Anna de Assis se dedicar aos cinco filhos com Dilermando não significava que Manoel Afonso vivesse totalmente afastado da mãe ou que nutrisse por ela e pela nova família alguma espécie de aversão.

Se Quidinho tentou matar Dilermando de Assis, não foi por vontade própria. Não há dúvida de que se viu induzido a atirar no padrasto.

Anna de Assis várias vezes confirmou à filha Judith que foi o tio do rapaz, Nestor da Cunha, que se tornou um perseguidor implacável de Dilermando de Assis, instigando e armando Quidinho. Foi Nestor da Cunha, para ela, que, além de armar, orientou o filho a vingar a morte do pai.

– O meu irmão Afonsinho – diz Judith – comentou muitas vezes comigo e com meus irmãos sobre isso. Quidinho foi instigado a vingar o pai. E ele também, Afonsinho, constantemente era recriminado pela família de Euclides por frequentar nossa casa. Tanto assim que, numa certa época, ele pouco nos visitou. E um dia em que apareceu por lá, foi um rebuliço. Foi um sobressalto. Sim, porque ninguém sabia se ele ia realmente em paz ou se ia para dar um tiro, repetir o gesto desesperado do irmão mais velho. Seria para um revanchismo também? Afinal, ele ficou aqui no Rio com a família de Euclides da Cunha. E esse encontro aconteceu logo após o nosso regresso de Bagé. Quando ele percebeu aquele nosso medo, o nosso temor de que acontecesse algo, ele disse: *não precisam temer nada, eu venho em paz, eu não vou criar outra tragédia.*

"Ele disse exatamente assim. Ele viu o medo da própria mãe de que se repetissem cenas trágicas. Mas desta vez ele nos acalmou e, posteriormente, tornou-se amigo de todos e provou o seu desvelo com a mãe. Muitas de suas cartas para mamãe podem provar isso. E o gesto dele, após a separação de mamãe e papai, quando passávamos por privações, querendo assumir a educação de um de nós, é o testemunho de sua preocupação.

As cartas de Manoel Afonso, que transcrevemos a seguir, revelam também, por si próprias, como se dava o relacionamento do último filho de Euclides da Cunha, sua mãe e irmãos, além de expor como ele vivia ao lado da mulher e das filhas. O intuito é apenas evidenciar que esse filho do escritor jamais imaginou repetir o gesto insano do irmão ao tentar assassinar Dilermando de Assis. Pelo contrário, manteve até a morte um convívio amigável e de irmão para com os filhos do padrasto.

Cordeiro, 28 de junho de 1927

Minha sempre lembrada mãe.

Não me foi possível, como era o meu desejo, responder com a máxima brevidade à carta que a senhora me escreveu; apesar de há muito ter vontade de dar notícias minhas. Sei que estou nesta falta gravíssima para com a senhora, mas vou expor as minhas razões, aliás bem ponderadas para que minha querida mamãe me perdoe desta falta. Há tempos tinha eu o seu endereço, mas por uma eventualidade perdi-o, fiquei assim impossibilitado de escrever. Esperei uma carta sua em que viesse novamente a direção, o que felizmente veio, mas também não pude de pronto lhe responder esta carta, devido a grandes afazeres que tenho tido nestes últimos tempos, política etc. As notícias que posso dar dos meus é a seguinte: as suas netinhas Norma e Eliet vão indo muito bem, creio que Norma puxou o talento do avô, pois é uma menina muito viva e só quer estar cercada de livros, o ideal de brincadeira dela é um lápis, papel e um livro e sempre dizendo que será uma escritora igual ao avô. Aos domingos levo ela a Cantagalo, junto ao monumento de papai e ela fica satisfeita batendo palmas e chamando vovô, vovô. A Eliet com seis meses e pouco já está gatinhando e muito viva, creio também que será uma inteligência igual a Norminha. Albertina, coitada, tem estado bastante doente, já foi duas vezes ao médico e com os remédios que está tomando tem estado numa dieta de mingau e leite há quase um mês. Eu, graças ao bom Deus, vou indo bem, trabalhando feito um leão para dar o conforto a minha família, o encargo é muito grande e tenho que trabalhar muito para dar conta, pois sou pobre e se não trabalhar estou perdido. Sempre sinto falta dos teus carinhos e das tuas rabugices e esta falta me corta o coração de saudades. Quem me dera poder lhe abraçar e passar umas horas perto da senhora revivendo as saudades, mas por ora sou obrigado a ir aguentando estas saudades até um dia eu poder ir ao Rio a fim de lhe abraçar. Mamãe, peço que a senhora me escreva sempre, para assim eu poder avivar as minhas saudades. Espero carta sua breve. Lembranças de todos e no mais receba um beijo do filho amigo que lhe pede a sagrada bênção,

Cunha

Minha sempre lembrada mãe

Saudades

Ontem recebi a sua carta, e estranhei muito, porque tenho lhe escrito inúmeras vezes sem ter algo de sua resposta e como é que por sua vez a senhora também me escreve dizendo que não recebe carta minha? Acho que isto é simplesmente relaxamento do correio. Mamãe, não posso de pronto marcar o dia que posso ir aí ter a satisfação de lhe abraçar e passar uns dias junto da senhora para assim poder matar as minhas saudades, porque tenho estado um pouco adoentado. Mamãe, eu queria lhe pedir um grande favor, a senhora tem boas amizades, por conseguinte, por intermédio seu, podia me arranjar aí no Rio uma colocação de uns quinhentos mil-réis por mês. Eu não tenho mais vontade de ficar aqui em Cordeiro, pois estou completamente incompatibilizado com o meu sogro e a minha sogra. Eles pretendiam pôr a canga em cima de mim, mas como eu não vou para esta fita, eu estrilei o bastante e dei uns coices para trás, para mostrar que não me deixo levar assim na sopa. Eles compreenderam que comigo não levavam vantagem, porque eu não me deixo levar na sopa, ficaram na encolha, e eu também fiquei, agora vivemos assim: eu não ponho os pés na casa deles e nem tampouco eles na minha, se bem que eles nunca gostaram de mim, como o Luiz teve ocasião de ver quando esteve aqui. Agora a coisa está outra em casa, resolvi que já estava farto dos ciúmes de Albertina, por conseguinte fiz acabar com isso, e foi sopa, não temos mais ciúmes em casa, entro a hora que quero e saio também a hora que me apetece. Estou completamente arrependido da vida de casado, a única coisa que me prende são as minhas duas filhas que amo como um louco. Eu sou tão bom para todo o mundo, nunca procuro fazer mal a ninguém, pelo contrário, não sei por que tenho esta sina tão triste de ser infeliz, se eu fosse um bandido, um assassino, vá, mas não. A consolação que tenho é que ainda tenho a minha mãe, a única amiga e conselheira deste mundo para mim. Minha mãe, me escreva sempre, sim? Lembranças a todos e saudades e abraços do seu filho que te pede a bênção.

O filho amigo Cunha.

Minha boa irmã Judith

Abraços

Li e reli a tua prezada cartinha, que veio encher-me de bastante contentamento, porque estava muito triste devido à falta que cometi com você no dia que telefonei aí para casa, pensei que estavas zangada comigo, agora imagina você o meu contentamento quando comecei a ler a tua carta. Albertina também vai te escrever. As tuas sobrinhas estão todas boas, e olha, a Norminha é o teu retrato, quem te viu em criança é olhar para a Norma, já vê que não preciso dizer que ela é bonita... Breve mandarei o retrato das tuas sobrinhas. Quando for ao Rio vou trazer você e a Laura para passarem uns dias comigo aqui em Cordeiro, é só eu regularizar a minha vida. A mamãe como vai? Dê muitos beijos por mim nela, sim? Quero sempre saber como vai de estudo, eu estou gostando do teu adiantamento, já escreve bem, é preciso ir estudando cada vez mais. Albertina, Norma e Eliet enviam-te muitos beijos. Tem ido muito ao cinema? Eu hoje à noite vou assistir à fita Miguel Strogof que é um assombro. Vou terminar pedindo que abraces todos os nossos irmãos por mim e no mais aceite muitos abraços e beijos do teu irmão

Cunha

Diga à Laura que não escrevo agora para ela porque a Albertina também vai escrever, então responderei a carta dela domingo.

Pela leitura das cartas e pelo comportamento de Afonsinho para com os irmãos deduz-se que ele superou a campanha dos familiares de Euclides que tentaram induzi-lo a uma vingança. Judith ainda revela:

– Mesmo quando eu já era moça, ouvi Afonsinho comentar que seus tios tentaram fazer com que ele vingasse a morte do pai. Ele revelou isso também ao meu primeiro marido. Quando fiquei noiva, ele me convidou para passar uma temporada em Friburgo, onde residia e era membro da diretoria do Colégio Modelo. Lá fui, acompanhada de meu noivo, Mécio, e de meu irmão João. Meu noivo ficou num hotel e eu e meu irmão nos hospedamos na casa de Afonsinho. Ficamos lá durante quinze dias. Tudo dentro de um entendimento perfeito, muita atenção e carinho. Ele e Mécio ficaram muito amigos e se corresponderam depois, infelizmente, por pouco tempo, já que em junho de 1932 Afonsinho faleceu. Ele disse a Mécio que várias vezes esse tio Nestor lhe dizia para vingar as mortes do irmão e do pai, e ele respondia que jamais faria isso. Daí, vamos deduzir: se ele procedia assim com Afonsinho, não procedeu igualmente com Quidinho, sendo, portanto, o verdadeiro culpado da morte do rapaz?

30
Anna e Dilermando não se viram durante anos

Judith casou-se com Mécio de Andrade em 19 de setembro de 1932. Nessa época, residia com a mãe e os irmãos na rua Barão de Jaguaribe.

– Essa nossa casa era melhor, tinha inclusive dois andares. No dia de meu casamento, quando vinha descendo a escada, encontrei-me com papai que subia para me buscar. Nesse instante, é que falei com ele. *Papai, eu vou ser a primeira a casar, vou sair de casa, a mamãe vai ficar sem uma filha, depois a Laura se casa, os filhos se vão, ela vai ficar só, por que você não volta para casa? Será que isso não é possível?* Ele disse: *agora é tarde.* Foi o que ele disse. Muito tempo depois é que fui perceber a razão dessa resposta. Havia nascido sua filha em abril daquele ano. A palavra *agora* explicou o seu comportamento a partir dali. Antes, ele tentou a reconciliação, até mesmo de formas violentas, através de muita pressão, muita agressividade. Suas vindas à nossa casa eram dramáticas. Mamãe se trancava no quarto, não o recebia. Vimos até cenas violentas. Ele tentando arrombar a porta para falar com ela. E mamãe repelindo todos os seus assédios. Com uma força de vontade brutal, pois às vezes me confessava que continuava apaixonadíssima pelo meu pai. Eu que o diga. Sou mulher, também muito amei, mas nunca vi uma paixão igual. Isso não quero esquecer. Quero dar o meu testemunho da vida dessa mulher que viveu muitos anos apaixonada por aquele homem que mudou a sua vida. Se depois ele se apaixonou por outra mulher, com ela teve uma filha, esses fatos não me interessam. Quero falar da vida de meu pai com a minha mãe, que foi viúva de Euclides da Cunha, passou por várias tragédias. Quero falar das condições de vida da minha mãe, preciso mostrar como criou e educou cinco filhos e um sobrinho, como sempre foi adorada e amada por essas seis pessoas e seus descendentes. E posso também afirmar que meu pai tem motivos para ser venerado e respeitado por seus filhos. O fato de ele ter se apaixonado por outra mulher, com ela ter uma filha, é uma união que merece o nosso respeito e está acima de qualquer julgamento. Só lamento as ocasiões em que ele faltou para com os seus deveres de pai e para com as suas obrigações de marido. Isso no que se refere a obrigações financeiras em determinado momento, ou como um homem carinhoso e pai dedicado em outro. Posso acreditar que, além de uma vida amorosa tumultuada, tenha havido também a influência dos momentos difíceis passados na revolução de 1924. Mas acredito que meu pai tenha se apaixonado pela segunda vez, e isso é perfeitamente humano. Só que, diante de tudo que minha mãe passou para viver com ele, ela tinha razões de sobra para afirmar que ele era o único homem que não tinha o direito de prevaricar. O fato de amar uma vez, se casar, separar-se, é perfeitamente normal. Casei-me a primeira vez com Mécio, tive filhos, casei-me depois com Ivan. Ninguém pode ou deve julgar ninguém. Temos direito é de sermos felizes e lutarmos por isso. Minha mãe só se preocupava com a felicidade dos filhos, dos netos. E para sermos completamente felizes, temos de ver a sua memória limpa de falsidades. Veja esta carta, tão bonita, que me enviou, preocupada com o nosso futuro.

> Rio, 10/IV/1935
> Meus queridos filhos
> Saudades.
>
> Aqui cheguei com um atraso de duas horas, porém sem novidades graças a Deus.
>
> Como vai o meu Solon?
>
> Muitas saudades tenho tido de vocês, assim como deste pedaço de céu caído a nossos pés. Como me senti feliz nesses sete dias! Foi uma semana santa que Deus me ofertou com o bondoso auxílio de vocês. Em cada canto deste florestão tem um pedido meu de paz e felicidades para vocês. As cascatas confundiam-se com as minhas lágrimas de gratidão que silenciosas enfileiravam-se gota a gota em meu coração. E em soluços íntimos eu agradecia a Deus a tua união com o Mécio. Ali no Imbuhi eu pedi às almas de Pery e Cecy, que os abençoasse. Eles, o exemplo do amor, ainda murmuram no balanço das folhas e no cair das águas esses dois nomes: Pery! Cecy!

Assim eu quero vocês, sempre e sempre bem unidinhos, a murmurarem: Mécio! Judith! Não em uma floresta, porém dentro de um lar feliz a ouvirem o rir dos queridos filhinhos. Eis o que deseja esta velha mãe que os abençoa.

S'Anninha

(N.B.) Mil beijinhos no Solon

Quando Anna de Assis disse "*você é o único homem que não tinha o direito de prevaricar*", escreveu uma linha de sua história que se completa com uma determinação invulgar. No dia do casamento de Judith, em 1932, ela esteve pela primeira vez com Dilermando de Assis, após seis anos de separação. E novo encontro se daria apenas em julho de 1950.

Anna e Dilermando não se viram durante dezoito anos.

31
Inquérito, imprensa e livros escreveram os equívocos sobre a morte de Euclides da Cunha

Durante anos, o militar Dilermando de Assis se viu impedido pelo Exército de conceder entrevistas e se defender das muitas calúnias com as quais era perseguido. Foi uma atitude absurda e inexplicável. Apenas contribuiu para consolidar ficções em torno da morte do famoso escritor.

Por isso, a entrevista de Dilermando de Assis a Francisco de Assis Barbosa, para a revista *Diretrizes*, em 6 de janeiro de 1941, constituiu-se um importante documento, do qual nos valemos em algumas oportunidades para esclarecer acontecimentos da vida de Anna de Assis.

Ao publicar o livro *Um nome, uma vida, uma obra*, em 1946, Dilermando de Assis reproduziu essa entrevista revisada e com pequenos acertos. Alguns trechos serão reproduzidos a seguir, de forma a elucidar melhor, principalmente, ocorrências ligadas a 15 de agosto de 1909.

Gostaríamos de ressaltar que a publicação de *A vida dramática de Euclides da Cunha*, de Elói Pontes, pela José Olympio Editora, motivou a reportagem apresentada em *Diretrizes*. Trata-se de um livro que, a nosso ver, fez reviver falsidades e enganos, surgidos pelas mãos de um incompetente delegado de polícia. Com a palavra, Dilermando de Assis:

> É lamentável que um escritor tenha perpetuado numa "coleção de documentos brasileiros" as inescrupulosas informações de um delegado de polícia mentiroso e sem brio. À página 291, o senhor Elói Pontes transcreve o seguinte: "(...) O doutor Euclides da Cunha, tendo entrado na sala, segundo as declarações de Dinorah, disse, já de revólver em punho, fora aí para matar ou morrer. Seja, porém, afirmado, de passagem, que nada há que prove a veracidade dessa atitude do saudoso escritor."
>
> O delegado Oliveira Alcântara, em todo o inquérito, primou pela falsidade e pela mentira, pela ignorância e pela má-fé. Seu relatório não pode servir de base a qualquer juízo honesto e seguro que se pretenda fazer sobre as verdadeiras ocorrências que levaram à morte o escritor Euclides da Cunha. Andou muito mal o senhor Elói Pontes transcrevendo as sandices e as calúnias nele contidas. Aquele "saudoso escritor", acima citado, o delegado não conhecia nem de nome. Ao chegar à Piedade, perguntou "se o doutor Euclides era deputado...". Seu relatório está cheio de tolices assim: "à altura de cinquenta centímetros, a medir de baixo para cima", como se de cima para baixo a medida não fosse a mesma: "quando Euclides e Dinorah" monologavam "na sala"; "detonando a quinta cápsula"; "com o intuito de tentar um possível cartucho de revólver" etc.

> Em resumo, Euclides cogita de pôr tudo em "pratos limpos" desde a véspera. Vai à casa de parentes para armar-se de um revólver embalado. Segue de trem para Piedade, nervoso, à procura de minha residência. Entra em minha casa armado e fere-me sem reação imediata de minha parte. Atira e fere pelas costas o meu irmão Dinorah. Depois de tudo isso, o delegado escreve: "nada há que prove a veracidade dessa atitude do saudoso escritor."
>
> E somos, eu e meu irmão Dinorah, os principais protagonistas da tragédia. E Euclides, conclui-se daí, foi "barbaramente assassinado". É o senhor Elói Pontes quem se presta a veicular essas inconsistências.

Consta do livro de Elói Pontes este trecho que foi destacado por Dilermando de Assis em *Um nome, uma vida, uma obra*:

> (...) prosseguindo afirma o aspirante (Dinorah) que o doutor Euclides, atravessando a sala, dirigiu-se para o corredor e, dando com o pé, abriu a porta do quarto de seu irmão, disparando sobre este o primeiro tiro. Então, Dinorah agarrou-se com o doutor Euclides, que disparou contra ele dois tiros. Efetivamente, a túnica branca, com que Dinorah estava vestido, achava-se chamuscada de pólvora e traspassada por bala no braço e na cintura, sobre o bolso do lado direito, cujo forro rasgou em ângulo ao sair. Durante essa luta, que foi travada no corredor, entre a porta do quarto de Dilermando, que é o primeiro, e do seu irmão, que é o contíguo, o aspirante do Exército (Dilermando) correu a uma prateleira sobre a qual estava o seu grande revólver de calibre 38 (no livro do senhor Elói está oitenta), não podendo, porém, alvejar o doutor Euclides porque este estava agarrado com Dinorah, sendo que o corpo deste o cobria todo. Entretanto, Dinorah conseguiu livrar-se do doutor Euclides e correu para o seu quarto, sendo nessa ocasião ferido pelas costas.

Dilermando faz suas considerações:

> Medite um instante. Como podia Euclides voltar-me as costas e, perseguindo Dinorah, feri-lo com outro tiro, na coluna vertebral, se eu estivesse já armado e em condições de o alvejar livremente? Dinorah continuaria a "cobri-lo todo"? Haverá quem de boa-fé aceite essa cantilena? Quem poderá fazer a descrição exata do que se passou, do que se pensou, do que se revolveu praticar? Com que direito Euclides procurava assassinar Dinorah pelas costas quando este corria – o delegado infame é que informa tal coisa – para o seu quarto? Então, constatado tudo isso, tem alguém o direito de dizer que Dinorah foi um "bárbaro assassino"? E o que me cumpria fazer nesse caso, vendo em risco a vida de meu irmão, que, na defesa da minha, enfrentava um louco armado de revólver que queria me matar? Não me assistia o direito de matar Euclides, uma vez que meu irmão não tinha responsabilidade alguma pela situação, muito menos pelo fato de sua esposa ter ido abrigar-se em minha casa? E as demais vidas que só a mim cumpria defender?

Dilermando destacou ainda outros trechos do relatório policial, comentando-os:

> (...)ao mesmo tempo que via Dinorah fechar após si a porta do aposento, o doutor Euclides, já então só, no meio do corredor, ouviu o primeiro tiro de revólver de Dilermando, que, do centro do quarto (veja bem: "do centro do quarto") o alvejava pela meia porta aberta.
>
> Pelo exame da planta da casa constata-se que, para alvejar Euclides, colocado no corredor, adiante do quarto de Dinorah, seria preciso que eu chegasse à porta e colocasse pelo menos a cabeça e o braço de fora, sendo impossível apontar do "centro do quarto". Mas eu tinha que passar por um covarde, apesar dos quatro ferimentos de bala que, terminada a luta,

apresentava "pela frente", sem que esses projéteis tivessem transfixado a porta do quarto.

(...)O projétil foi encravar-se no quadril direito do doutor Euclides. O doutor Euclides, ferido, voltou-se, encaminhando-se para a porta do quarto do aspirante do Exército, em frente à qual recebeu o segundo tiro, que o atingiu no pulso.

A mentira é fácil de destruir. O laudo da autópsia descreve todos os ferimentos de Euclides como recebidos de frente. Nessas condições, como poderia ter sido ferido no quadril direito, pelas costas, estando eu no "centro do quarto"? Veja-se a planta da casa, repito, e constate-se o absurdo. E por que, se estava de costas para mim, lhe daria eu um tiro no quadril direito, em vez de o dar na cabeça ou no tronco, se é que queria matá-lo? Um "bárbaro assassino" não poupa assim sua "vítima". Por que, quando se trata da minha atuação, não se esmiuçam os acontecimentos em seus detalhes? Por que se diz simplesmente "em frente à qual recebeu o segundo tiro, que o atingiu no pulso"? Que teria feito Euclides e em que posição estaria ele para que eu lhe pudesse dar o segundo tiro nas circunstâncias verificadas pela autópsia? Por que o projétil não atravessou também a porta? Como fui eu ferido, então?

Dilermando de Assis responde às suas próprias perguntas:

Para o delegado, tudo ficou em branca nuvem. Não esclareceu como Euclides pôde disparar mais dois tiros; não diz quando já me acertara, nem onde; não explicou como fui ferido sem que as balas atravessassem a porta, atrás da qual esqueceu que me havia "entrincheirado"...

Volta ao relatório:

Já então Dilermando, contra quem Euclides disparara mais dois tiros, se entrincheirara atrás da outra meia porta cerrada do quarto, e, através da mesma (como se eu pudesse ver através de corpos opacos), disparou o terceiro e o quarto tiros, os quais atravessaram-na, encravando-se uma bala na fechadura da porta que dá acesso da sala de visitas para o corredor, a outra na parede da sala. Um desses projéteis ainda feriu o doutor Euclides no braço. Sem munição, o doutor Euclides quis sair para a rua. Dilermando, então, deixando o quarto, perseguiu-o. Ele desceu precipitadamente os três degraus da porta de saída e já estava no pequeno jardim da frente quando o perseguidor chegou a essa porta, detonando a quinta cápsula (*sic*) de sua arma ao mesmo tempo que proferia: "Espera, cachorro."

É o caso de perguntar-se, aonde teria ido ter o projétil? Teria ferido Euclides? Teria eu errado a pontaria? Teria sido de tal natureza que nenhuma testemunha, nem os exames periciais, a ele se referiram?

Nesse momento, ou com o intuito de tentar um possível cartucho de revólver, ou, o que é mais acreditável, ferido no amor-próprio pelo insulto, o infortunado escritor voltou-se de peito a descoberto para o seu perseguidor, e este o alvejou mais firmemente do alto para baixo, disparando o tiro que o fez cair mortalmente ferido.

Analisemos detidamente essas tristes conclusões, frutos da fantasia e da indignidade. Antes de mais nada, que quererá dizer "com o intuito de tentar um possível cartucho de revólver"? É impossível explicar. E admitir-se que Euclides se houvesse voltado, é preciso admitir também que para mim continuaria a iminência do perigo, uma vez que fui o agredido e defendia o meu lar, defendia a vida de terceiros, defendia a minha própria dignidade, dentro de minha casa invadida por um desvairado. Se se voltasse, mesmo que não tivesse essa intenção, assistia-me o direito de matá-lo, por não poder adivinhar até aonde levaria ele o seu propósito homicida. Assim o autorizam o Código Penal e a jurisprudência de todo o mundo. Era, pois, um direito que eu exercia, se assim de fato houvesse procedido. Voltar-se, depois de estar fora da casa, simplesmente por ter recebido um insulto, admitamos que verdadeiro, é possível imaginar. Mas que houvesse caído

> imediatamente, no mesmo lugar, sabendo-se que seu ferimento mortal foi no pulmão, é ainda menos provável. E como se explica, agora, essa minha coragem de enfrentá-lo de peito descoberto, também a descoberto? Não seria o caso de "entrincheirar-me" novamente atrás de uma porta? Por que essa afirmativa de "peito descoberto"? Para pôr em foco e realçar a coragem do "infortunado escritor"? Por que escrever "e este o alvejou mais firmemente do alto para baixo"? Acaso será mais segura a pontaria que se faz de cima para baixo? As melhores linhas de tiro, como nas casas balísticas, são as horizontais. O delegado nunca estudou balística. O senhor Elói Pontes também... Também nunca foram campeões de tiro...

O relatório policial transcrito em *A vida dramática de Euclides da Cunha* é o mesmo que surgiu nos jornais de 1909, sob o título *A tragédia da Piedade*.

32
Anna, Dilermando e filhos: condenados por mentiras e vinganças

Se quem desejasse escrever sobre Euclides da Cunha cuidasse de apenas analisar o seu talento literário e não se preocupasse em encontrar um culpado ou culpados pela sua morte, estaria contribuindo para o esquecimento de aspectos nada agradáveis de atos praticados pelo escritor em momentos de insanidade. Perduraram, entretanto, as falsas acusações e lembranças equivocadas, reduzindo constantemente Dilermando de Assis a assassino e Anna de Assis a uma adúltera vulgar.

Dias antes do trágico 15 de agosto de 1909 Euclides da Cunha caminha pelo Largo da Carioca, no centro do Rio de

Janeiro. De repente, avista no meio da multidão sua mulher. Está acompanhada pelos filhos Solon e Luiz. E, também, por Dilermando de Assis.

É quase meia-noite. Encerra-se o espetáculo no Teatro Lírico, o público vai deixando o local, aglomerando-se no largo, estabelecendo um alvoroço alegre, uma animação maior. Figuras conhecidas, eminentes políticos, intelectuais e artistas, a alta sociedade da capital da República passeiam, encontram-se e se falam, e comentam acontecimentos do dia, da noite, da época.

Independentemente de qualquer possível comentário, indiferente a julgamentos e interpretações maliciosas, em um momento de grande animação, Anna de Assis cruza o Largo da Carioca, ao lado de Dilermando de Assis, ela com seus trinta e quatro anos, ele com seus vinte e um. Tão apaixonados um pelo outro que somente as cartas e os depoimentos divulgados neste livro podem mostrar agora o grau de intensidade.

Euclides da Cunha encaminha-se para o lado da mulher, obrigando Dilermando a se afastar. Um passa ao lado do outro, mas Euclides sequer toma conhecimento da presença do rapaz.

Dilermando se mantém a certa distância do grupo, até que percebe Euclides se alterar com a mulher e o filho mais velho. A palestra se torna agitada, e Dilermando, compreendendo ser a causa da confusão, retira-se do local a fim de evitar outros dissabores a Anna e Solon.

Mais tarde, Dilermando, sabendo que Euclides abandonou a mulher e os filhos, saiu à sua procura para desfeiteá-lo. Mas, no meio do povo que deixava o Teatro Lírico, não o encontrou.

O que se passava entre Anna e Dilermando, Euclides da Cunha estava ciente há longo tempo. Mauro nasceu após uma gravidez normal, exatamente seis meses após o seu regresso do Acre. Luiz nasceu e ele mesmo o chamou de "espiga de milho no meio de um cafezal". Anna reiterava sistematicamente o pedido de separação. Euclides se recusava a atendê-la e queria prosseguir um casamento acabado. A 12 de agosto ele chamava S'Anninha de "pessoa de toda a confiança", em carta ao cunhado Otaviano. Nessa mesma carta, aludia à sua "miséria orgânica", informando: "somente hoje deixei de acordar com febre."

Três dias antes de sua morte, Euclides da Cunha escreve que S'Anninha é pessoa de toda a sua confiança e quer deixar transparecer que tudo corria bem.

Na sexta-feira, 13, discute com a mulher, na casa de dona Túlia, em São Cristóvão. Ao mesmo tempo que quer a sua volta ao lar e a reconciliação, deplora a sua atitude de adúltera indigna, julgando que não deveria permanecer ao lado dela e dos filhos.

Os pronunciamentos confusos e exacerbados de Euclides da Cunha deixaram Anna indecisa, mas jamais julgou que o marido tomasse uma atitude violenta. Nos muitos anos de convívio, aprendeu a admirar-lhe exatamente a grandeza de espírito e o caráter.

Anna não cede aos argumentos do marido, recusando-se a regressar à sua casa, em Copacabana. Euclides deixa a residência da sogra, declarando: "O espírito desta mulher suplanta-me, esmaga-me."

No capítulo 10 deste livro Dilermando de Assis descreve como se deu o encontro com o escritor na manhã de domingo. Em outros trechos de sua entrevista a *Diretrizes* fornece esclarecimentos para rebater a acusação de que assassinou Euclides da Cunha – acusação expressa principalmente no inquérito policial, base para muitas notícias biográficas sobre o autor de *Os sertões*:

> **A verdade é bem outra. Meu revólver foi apreendido contendo seis estojos vazios em suas câmaras. Fiz, portanto, seis disparos. Destes, apenas um projétil ficou em seu corpo, o "causa mortis". Dos cinco restantes foram encontrados os impactos nas paredes do corredor e da sala de visitas. Pela**

quase equidistância desses vestígios, tem-se a impressão perfeita de que os tiros foram sucessivos, e o foram de fato, em série. É inacreditável uma solução de continuidade entre o quinto e o sexto disparos, do corredor ao jardim. E mais inacreditável ainda um sétimo tiro que o delegado diz ter sido o quinto e cujos efeitos não se tornaram conhecidos, porque o revólver continha só seis balas. É falso, pois, ter eu disparado quando cheguei à porta da sala, mesmo porque nesse momento Euclides já havia caído. Quando ele recebeu esse ferimento mortal, o do sexto tiro, na porta do corredor, próximo a meu quarto, recuava encostado à parede, alvejando-me ainda e com o busto inclinado para a frente. Seu flanco esquerdo apoiava-se à parede e, por isso, recebeu o ferimento no flanco direito que ficava mais exposto. O disparo horizontal incidiu sobre seu corpo com um certo ângulo de inclinação relativamente à linha média do tronco. Colocado este na vertical, a trajetória interior poderia parecer o prolongamento de um tiro feito de cima para baixo, estando o busto ereto, na vertical. E assim se explica, em parte, a invencionice de Euclides ter recebido um tiro de "cima para baixo".

Só mesmo a ignorância procuraria, no ziguezague dos projéteis de arma de fogo nos tecidos orgânicos, a prova da inclinação e da direção das respectivas trajetórias antes de tocar o corpo humano. É conhecidíssimo o capricho de tais trajetórias. Mas o delegado Alcântara não queria e não podia concluir de outra forma.

Minha situação não é o resultado de um crime sofrivelmente arquitetado, mas a consequência fatal de três elementos que se ergueram contra mim: um delegado inescrupuloso, a campanha difamatória da imprensa e a máxima diferença social e cultural que nos colocava nos extremos de uma escada ascensional, na qual eu demandava o primeiro degrau e Euclides da Cunha ultrapassava o último. Forçosamente havia de ser batido. A consciência dos justos e dos sensatos não dirá o contrário. E a de meus adversários há de reconhecer que ainda não sou um mentecapto nem um desfibrado.

> Devo recordar, aqui, à guisa de informação, que esse mesmo Oliveira Alcântara foi indigitado cúmplice do assassinato do capitão de fragata Lopes da Cruz à porta do Clube Naval.
>
> Minha defesa jamais foi aceita pela imprensa. "Contra o tenente Dilermando, tudo. A favor, nada. Nem que nos pague contos de réis", declarou um jornalista a um amigo, Álvaro Moutinho da Costa, hoje juiz de direito, que lhe apresentara um artigo defendendo-me.

Álvaro Moutinho da Costa tentou publicar esse artigo – intitulado "Critério da imprensa" – logo após a morte de Quidinho. Foi quando ouviu a resposta a qual Dilermando de Assis fez alusão em sua entrevista a *Diretrizes*.

O doutor Álvaro Moutinho da Costa foi sempre um amigo íntimo de Dilermando de Assis e sua família. Por ocasião do depoimento publicado em *Diretrizes* era juiz, tornando-se depois destacado ministro do Supremo Tribunal Federal. Eis o artigo recusado:

> Desenrolou-se mais uma vez esse tremendo drama trágico, em que, pela fatalidade cega, tomou destaque a figura possante de Dilermando de Assis, esse moço digno de lástima, mas, também, o alvo da admiração viva e desinteressada de quantos têm procurado, na intimidade da sua pessoa, devassar a sua alma enérgica, feita de bondade e distinções, de amargura e de coragem, de tristeza e de altivez.
>
> Em guarda, na posição nobre dos nobres antigos que desertaram à vida, tem ele sabido resistir altivo a toda crassa de insultos vis e insidiosos, dignos tão só de desprezo.
>
> Incessante e encarniçada tem sido a fúria com que a imprensa vem bordando, de maneira mais desleal e insincera, os fatos até aqui ocorridos sobre essa tragédia.
>
> Por ocasião da morte do saudoso escritor que foi Euclides da Cunha, Dilermando, ferido, maltratado, atirado num

quarto de hospital, achou-se por dias impossibilitado de uma defesa diária pelos jornais daqui.

Melhorando, foi ele pressuroso em lavar-se das infâmias que lhe imputaram, e com esse fim enviou cartas explicativas e verdadeiras aos jornais, não só visando orientá-los como ainda estabelecendo o que havia de fato e não o que a maldade forjara.

Não lograra ser atendido porque, infelizmente, "ele matara Euclides da Cunha" – como se Euclides, na qualidade de atacante e de assaltante do lar de Dilermando, guardasse em seu ato uma imunidade superior e privilegiada, dada a alta valia de seu muito talento!

Não. Deixemos de parte as qualidades personalíssimas de um e outro e encaremos o fato, perquirindo-lhe os incidentes pretéritos e as causas preponderantemente fortes que atuaram para o abismo.

A quem quer que se interesse pela verdade em torno de um montão de afirmativas falsas sobre o caso, responderei diante documentos legítimos e irrefutáveis:

que Dilermando entrou nas relações da família de Euclides da Cunha sem o conhecer. Achava-se por esse tempo o nosso ilustre escritor em comissão longínqua;

que não existe grau algum de parentesco entre Dilermando e Euclides;

que jamais Dilermando foi protegido de Euclides;

que jamais Dilermando, após feri-lo várias vezes, sacando outra vez a arma tentava ainda atingi-lo;

que agiu em defesa própria;

que ao mesmo tempo defendia da fúria inconsciente de um louco não só a sua pessoa, como ainda a de dona Anna Solon e a de seu filho Luiz;

que se percorrermos os jornais que datam da primeira tragédia verificamos que Dilermando não pôde publicamente se defender.

Agora, então, está publicamente provado ter agido, esse desventurado moço, em perfeito estado de necessidade, porquanto, de um lado, ele era atingido pelas balas do agressor e, do outro, não podia fugir, porque o fato de estar fardado impunha a sua permanência no local, como ainda que ninguém procurou evitar que o aspirante Euclides da Cunha Filho o alvejasse e porque a ação da polícia fosse tardia e consequentemente inútil.

Em face do Exército onde é acatado, respeitado e querido, em face dos homens justos e retos, procedeu ele da maneira mais honrosa e brilhante, fazendo jus à farda que veste e dando prova esplêndida de quanto é grande a coragem que lhe é peculiar, como ainda patenteando as melhores qualidades que devem preponderar no oficial de cavalaria: a ação enérgica e imediata nas conjunturas mais dolorosas e difíceis que se lhe apresentem.

Cinco vezes alvejado, Dilermando repousa sobre um leito de hospital e a sua vida oscila como um pêndulo gasto entre parar e não parar; contudo, se desrespeita a pessoa de um justo que agiu como talvez outros jamais agiriam, e repórteres e redatores tripudiam sobre o seu corpo em busca do triunfo para o ganha-pão desonrado das colunas infamantes...

Por que persistir no insulto aviltante e covarde se ele não se pode defender?

Por que persistir, se ninguém ignora que a lei garante o direito de ferir ou matar aquele que, agindo por um instinto reacionário natural, defende a conservação da vida posta em perigo por uma agressão iminente?

Todavia, a sociedade cospe ainda sobre esse corpo inanimado de homem que há sabido resistir à sorte fria e à maldade inconsciente dos homens, trazendo na serenidade augusta de seus gestos a clareza viva de seu caráter puro!

Enquanto assim é, Dilermando agoniza, talvez, em seu leito mortuário, com o corpo crivado de balas e o coração de pai cortado de dor.

Álvaro Moutinho da Costa

Esta carta foi endereçada ao jornal *A Tribuna* onde recebeu o desacolhimento frio de sua redação. Enviada à *Gazeta de Notícias*, um senhor da redação, Campos, tomou interesse pela sua publicidade, o que não logrou conseguir porque os moldes em que fora firmada estavam em desacordo com a "digníssima" redação... Por fim, o jornal *A República* mostrou vivo interesse em publicá-la, porém, da mesma forma, ficou, decerto, esquecida entre os papéis inúteis...

Afinal, desisti de meu intento, pela má vontade manifesta e pela gentileza notável dos jornalistas de então!
Álvaro Moutinho da Costa
Rio, 6-08-1916

Não só Dilermando de Assis sofreu ataques e perseguições.

Anna de Assis jamais foi esquecida pelos adoradores da obra euclidiana. E, pior, julgaram-na e condenaram-na como culpada da morte trágica do marido. Não se pode compreender de outra forma, a não ser como uma reiterada condenação, o sistemático envio de convites a Anna de Assis para os eventos em torno da figura de Euclides da Cunha. Ela morou na rua Barão da Torre, na rua Barão de Jaguaribe, na rua dos Oitis, e em qualquer residência chegavam os convites para solenidades de homenagem a Euclides da Cunha. Todos os anos, principalmente no mês de agosto, ela era assim lembrada da morte do primeiro marido. Por que não a deixavam em paz?

Os homens são torpes e mesquinhos. Reúnem-se em grêmios e, anônimos, remetem convites.

São José do Rio Pardo é mais uma cidade do mapa do Brasil que só entrou para a história através da ponte de Euclides da Cunha. Lá fundaram o pomposo Grêmio Euclides da Cunha que, durante anos, teve como uma de suas finalidades atormentar a viúva Anna da Cunha, enviando-lhe singelos convites para eventos em homenagem ao autor de *Os sertões*. A resposta nunca se alterou:

– O meu silêncio é a minha defesa.

Os ataques a Dilermando e a Anna sempre atingiram diretamente seus cinco filhos. O que nunca foi levado em consideração pelos fanáticos adoradores euclidianos.

Algumas reuniões aconteceram entre Judith e irmãos para se discutir a elaboração deste livro. Em um encontro entre Judith, Laura e Frederico, com a presença do escritor, ocorre este diálogo:

– Agosto sempre foi um mês indesejado – comenta Judith.

– Durante toda a minha vida – conta Laura –, quando olhava para a igrejinha do outeiro da Glória e a via iluminada, eu pensava: ai, meu Deus, está chegando 15 de agosto.

No alto do outeiro da Glória, ponto conhecido da cidade do Rio de Janeiro, na praia do Russel, está a pequena igreja de Nossa Senhora da Glória, cuja data santa é 15 de agosto. Com antecedência, a igrejinha é iluminada para a realização de quermesses e outras atividades que se antecipam às comemorações e ritos religiosos.

– Você também? – retruca Judith. – Eu sempre pensei a mesma coisa.

– Ao olhar para a igrejinha e vê-la iluminada, começava a minha sensação de mal-estar – informa Frederico.

– Engraçado, e nós nunca comentamos isso – espanta-se Judith. – Sei que todos nós vivíamos o mês de agosto sentindo forte emoção e muita angústia. Como geralmente evitamos comentar o assunto, só agora estamos sabendo os detalhes sobre a ansiedade de cada um.

– Ano após ano, eu rezava para passar logo o dia de Nossa Senhora da Glória – diz Laura.

– O mês de agosto foi uma constante aflição. Eu nunca sabia o que estava para acontecer – informa Judith. – De repente, uma nova comemoração em torno de Euclides nos atingia em cheio.

– E como sofríamos – lamenta-se Frederico.

É relembrado o usual comentário de Luiz sobre a tragédia:

– Por que Euclides não deixou minha mãe em paz? Não, transformou-se nessa asa negra, nessa sombra que vem perseguindo a memória de minha mãe e a todos nós.

33
Laudo de necrópsia de Euclides da Cunha apresenta uma trágica sentença

Enquanto a mulher do fim do século XIX se escondia na cozinha, preocupando-se em servir ao seu todo-poderoso marido ou se recolhia à cadeira de balanço e a tricotar esperava a vida passar, Anna de Assis foi para a sala de visitas palestrar com barão do Rio Branco, Machado de Assis, Sílvio Romero, Coelho Neto. Natural, já que na casa do pai se habituou a ouvir Quintino Bocaiuva, Rui Barbosa, Benjamin Constant.

Mulher audaz, independente, morando numa cidade pequena e provinciana como uma São José do Rio Pardo, teria seus movimentos ímpares confundidos pela mente pequena e bitolada daqueles que não enxergam o horizonte, já que as estradas têm curvas.

Ali, naquela cidadezinha, Anna de Assis deixou a imagem de mulher fútil e namoradeira, porque se postava à janela e, alegre e "moderna", não se escondia dos homens.

Anna de Assis teve sempre muita lucidez para explicar aos filhos que sua postura, mesmo antes da morte de Euclides, sempre causou estranheza, principalmente junto àqueles que a viam segundo os cânones dos preconceitos e da justeza de ideias.

Altiva, superou a tudo e se impôs na vida. Sempre foi uma mulher alegre e vibrante. Naturalmente, isso desgostava o tímido e sisudo Euclides da Cunha.

Ela confessou aos filhos que os últimos anos de sua vida ao lado do escritor foram desesperadores. Não havia elementos para provar, mas percebia que certos atos de Euclides eram totalmente insanos. Não só ansiava por uma vida de amor e tranquilidade ao lado de Dilermando, como também esperava ardentemente pela separação. A vida ao lado de Euclides tornou-se impraticável. Ela o temia, mais e mais, depois de cada manhã.

Só a morte do escritor e o laudo médico da necrópsia viriam provar que ele caminhava celeremente para a total demência.

O laudo, de 16 de agosto de 1909, assinado pelos doutores Afrânio e Diógenes, é detalhado, demonstrando a causa da morte como "hemorragia do pulmão direito devido a ferimento por arma de fogo, atravessando de um lado ao outro o órgão. Além desta causa, o cadáver apresenta três outras lesões por arma de fogo". Consta do laudo, também, esta descrição: "Inspeção interna: crânio e encéfalo. A calota resistente. Meninges duras pouco aderentes, apresentando-se bastante desenvolvidas as granulações de Pachioni. Placas leitosas de leptomeningite. Ligeiro edema na imediação das circunvoluções rollândicas. O cérebro, pesando 1.515 gramas, foi retirado para ulteriores investigações. Meninges aderentes à base do crânio."

O doutor Alves de Menezes, professor-regente de Medicina Legal e Deontologia Médica da Escola de Medicina e Cirurgia do Rio de Janeiro e médico-legista do Instituto Médico-Legal do Rio de Janeiro, analisando o laudo de necrópsia de Euclides da Cunha, feito pelo doutor Afrânio Peixoto, considerou que o mesmo apresentava "uma tangível presença emocional interferindo na construção do laudo". É que o doutor Afrânio Peixoto, muito amigo de Euclides da Cunha, seu confrade e companheiro de encontros intelectuais, teve, em mãos, uma penosa missão, ou seja, como afirmou o doutor Alves de Menezes, "a obrigação funcional de eviscerar, na qualidade de médico-legista, o cadáver daquele gigante da literatura nacional".

Em sua análise, o doutor Alves de Menezes, considerando que a inquietação emocional do médico transparece no texto do laudo, aponta algumas omissões, bem como descrições mutiladas.

> Contudo logrou retratar a trajetória e os danos corporais feitos pelo agente lesivo que fulminou a vítima e descrever, no cérebro desta, o aspecto macroscópico de lesões meningo-encefálicas, às quais alguns eminentes psiquiatras da atualidade – apesar da falta de notícia sobre o exame microscópico da peça e de análise sorológica procedida durante a vida – se obstinam em vinculá-las a uma etiologia luética, considerando a coexistência dessas lesões com a série dos sérios desequilíbrios psicológicos, próprios da fase incipiente da paralisia geral, que Euclides vinha apresentando, de modo assustador, nos últimos tempos de sua vida.
>
> Refiro-me às alterações estruturais das membranas meníngeas e às placas leitosas de leptomeningite assinaladas no laudo, e que, a se aceitar como válida a etiopatogenia aventada, e não tivesse havido o decesso violento, acabariam por ofuscar, como se fossem manchas solares, todo o esplendor da inteligência estelar de Euclides da Cunha, reservando-lhe um fim terrivelmente melancólico: o da abolição global de todas as suas funções intelectuais. Numa sentença trágica: a demência.
>
> Tal como sucedeu a Nietzsche, vítima dessa doença e seu êmulo em genialidade.

Em artigo publicado pelo suplemento cultural da *Revista Paulista de Medicina*, nº 14, o médico Walter P. Guerra comenta também o laudo, após transcrevê-lo:

> Não olvidar, por outro lado, o comprometimento das suprarrenais, que muito sofrem, assim como o cérebro, com as toxinas do parasito atiradas na circulação sanguínea.
>
> Dessa forma, a atividade mental fica também sujeita à ação maléfica da parasitose. Os observadores de sua fulgurante trajetória intelectual notaram que, a partir de sua estada na Amazônia, declinou sensivelmente a produção literária euclidiana.
>
> Ele atribuiu-a, em carta ao dileto amigo Escobar, ao meio em que passara a viver. Tudo indica, porém, que esse apagamento, o enevoamento intelectual de que se queixava, era o fruto de acessos recorrentes da malária que adquirira quando de sua viagem àquelas plagas, ainda hoje, malarígenas.
>
> Ou seria consequente à sífilis, entrevista por ocasião da necrópsia – como querem alguns – no achado de "placas leitosas de leptomeningite"? A paralisia geral progressiva é por demais conhecida. Felizmente menos encontradiça em nossos dias, graças, entre outros motivos, à penicilinoterapia.
>
> Com a devida vênia, invadindo seara alheia, pertencente aos psiquiatras e neurologistas, recordemos os principais sintomas psíquicos da neurolues. O indivíduo apresenta manifestações delirantes ocasionais e Euclides procedia, por vezes, como se fora um louco. Era possuído de momentos de cólera, seguidos, instantes depois, de estranha placidez. Os *deficts* de memória também ocorrem esporadicamente. Recordando a vida de Euclides, vamos encontrar inúmeras oportunidades em que se deixou dominar pela cólera. Em sua longa e fecunda epistolografia, em ocasiões diversas, esqueceu-se de datar as missivas. Curioso, todavia, que, como homem obrigado aos cálculos matemáticos de engenharia, ao que tudo indica, jamais confundiu-se. Atestam-no, além da ponte sobre o rio Pardo, obras outras que nos legou.

A diminuição ou perda da afetividade é outro componente analisado pelos autores médicos, tal como acontece aos esquizofrênicos. Estes perdem a afetividade para com os familiares, transferindo-a a estranhos. Quantos conhecem Euclides da Cunha sabem que, sob este aspecto, não foi o chefe de família desejável. Chegou mesmo a receber admoestação de seu pai, nesse particular.

Não padece dúvida de que, toda a vida, lutou para manter seus familiares dentro de suas escassas posses, o que se tornou sua angustiante preocupação. Mas não era o homem do lar e muito menos o chefe de família ideal, no convívio com os seus.

Andava sempre ocupado, esquivo, irritadiço, inquieto. Apresentou, ao longo de sua trágica existência, fases de depressão, seguidas da fase contrária, a de excitação, de euforia extrema, quando parecia que estava para carregar o mundo...

O delírio persecutório é outra característica da maligna espiroquetose, onde, ao lado de alucinações auditivas (a que não há referências), foi vítima de alucinações visuais. Tanto em São José do Rio Pardo, como em Manaus, em seu retorno do Alto Purus.

Grosso modo, aí está o fatídico elenco da paralisia geral progressiva, em muitos dos quais enquadrou-se Euclides da Cunha.

Lamentavelmente, não se procedeu, na época, a outros exames que pudessem aclarar a suspeita de neurolues. Em que pese a afirmativa de Afrânio Peixoto, de que o cérebro fora recolhido com esse propósito, não há notícia de cortes histológicos da matéria nobre e ulterior estudo anatomopatológico. Convenhamos que, a Afrânio Peixoto, como amigo que fora de Euclides, não interessava penetrar mais a fundo no diagnóstico.

Além do que, uma vez comprovada a suspeita, seria um espinho, um estigma a mais a acrescentar na martirizada vida daquele a que tanto admirara. Tuberculoso, já era.

Rotulá-lo de sifilítico, era constrangedor. Naqueles tempos, convém recordar, a sífilis era doença estigmatizante, assim como a tuberculose e a hanseníase, que ainda hoje padece da incompreensão popular.

(...)

Surge, agora, a magna indagação. A aceitar-se a hipótese de sífilis nervosa, como explicá-la, em Euclides? Seu desinteresse pelas mulheres era notório, fora das relações conjugais. Raiava mesmo pelos limites da castidade.

Tímido e introvertido, não era de atrair o sexo oposto, que, por sua vez, pouco representava para ele. O sexo feminino quase não aparece em sua obra. E disso se vangloriava. Tudo leva a crer que fosse misógino.

(...)

Resta, assim, a hipótese de lues inata, ou forma retraída de meningite tuberculosa. Em favor da suspeita de meningite luética, existe a menção no laudo de que aquelas membranas "estavam aderentes à base do crânio". Recorde-se que a meningite sifilítica demonstra essa característica: meningite de base. Damos a palavra aos especialistas em doenças sexualmente transmissíveis. Donde se conclui que a grande incógnita e os desencontros que apresentou a vida de Euclides, e que o perseguiram até à morte, persistem. Acham-se à espera, tal como a Esfinge, de que um novo Édipo venha desvendá-la.

Mulher nenhuma tem a obrigação de permanecer ao lado de um homem, apaixonada por outro.

Uma mulher, que suplantava os rigores dos padrões, como fez Anna de Assis, só poderia ser vista pelos pequenos e obtusos provincianos, bem como pelos fanáticos adoradores euclidianos, como pessoa que "procedia mal". De nada adiantaria pronunciar sua defesa e divulgar as suas afirmações, que se restringiram ao meio familiar e dos amigos.

Esta mulher suplanta-me e esmaga-me, disse o escritor. E ele reagiu, não através da inteligência e dos argumentos, e sim com um revólver na mão. Incrível, ao lembrar que, com a mesma, ele escreveu *Os sertões*, uma obra cheia de compreensão humana e com brilhante análise social. Tentou matar. Foi morto. O cérebro mostrou "meninges aderentes à base do crânio", o que, segundo parecer médico, significa que se encontrava próximo à demência. Tudo isso prova que Anna de Assis tinha razão.

– Eu não podia continuar com Euclides. Admirava Euclides, o escritor. O homem, o meu marido, estava enlouquecendo. Eu o temia. Dia a dia, principalmente depois da morte do meu filhinho Mauro. Por isso, tentei fugir, mesmo sacrificando o meu amor por Dilermando. Inesperadamente, aconteceu a tragédia.

34
O último depoimento de Dilermando de Assis

Durante toda a vida, Dilermando de Assis parece que não teve outra preocupação a não ser provar a sua inocência nos dramáticos acontecimentos em que foi mais vítima do que algoz.

Não teve oportunidade de conceder muitas entrevistas, mas deixou alguns depoimentos, além de livros publicados.

Em São Paulo, a 8 de maio de 1949, escreveu este documento sobre Anna de Assis:

> O que caracteriza a personalidade moral de dona Anna?
>
> Deixando de lado qualquer apreciação sobre o melindroso aspecto biofisiológico feminino, ou sentimental, tinha uma grande energia e uma estupenda coragem para enfrentar

> a desdita e a dor das injustiças. Espírito muito forte, inteligente, que as mais elevadas qualidades e virtudes excepcionais manifestou sempre para ser uma excelente esposa e mãe exemplar. Verdadeira heroína ante a incomparável brutalidade da tragédia de 1916.
>
> Assistiu, estoicamente, à derrocada brutal e impressionante de toda uma organização familiar que soçobrou num extermínio trágico, para erigir, normal e ordenadamente, sobre as dolorosas recordações da primeira, uma segunda geração que se desenvolve, sem atritos, sob a sua orientação, na trepidação turbilhonante da vida atual.
>
> De temperamento romântico e idealista, acomoda-se facilmente às contingências domésticas, na mais rude e crua das materialidades, sem rusgas nem queixumes. Venceu, galhardamente, todas as fases agrazes da existência, dominando todas as crises de desequilíbrio mental pelos abalos morais sofridos, atingindo idade avançada com perfeita lucidez de espírito e admirável senso crítico da vida. Resignou-se e adaptou-se admiravelmente, sem revolta nem recriminações, ao infortúnio que os acontecimentos lhe reservaram. Incompreendida sempre, é uma criatura digna de esmerado estudo por um psicólogo de gênio, porque incomum.

Este depoimento ficou em poder do filho Luiz e foi o último escrito por Dilermando de Assis sobre sua mulher, sua vida e passado.

Chama atenção a frase final: "Incompreendida sempre, é uma criatura digna de esmerado estudo por um psicólogo de gênio, porque incomum."

Pode-se afirmar que enquanto Dilermando de Assis procurou se defender e, pacientemente, escreveu livros e depoimentos, Anna se dedicou a encontrar serenidade para os dias da velhice. Ela enviou inúmeras cartas aos filhos e em nenhuma se encontra algum lamento pelo passado ou revolta e tristeza pelos dias amargos. Ela pensava mais no presente. E como católica fervorosa, resignava-se com os sofrimentos. É o que mostra também esta carta de Anna para Judith:

> Rio, 18-2-1942
>
> Querida filha.
>
> Recebi a tua cartinha que é toda um ramalhete sensível de palavras, trescalando o doce aroma de saudade! Dizes que estás muito bem, é justo, pois estás em um lugar privilegiado pela natureza, verdadeiro viveiro de vitaminas. Fiquei radiante de alegria ao receber o teu presente; chorei de gratidão. Hoje tive notícias da Laura, vai bem.
>
> Do Carnaval, nada te posso dizer, pois não tomei parte, passei esses dias em casa, pensando nos pedacinhos de meu coração que estão desgarrados como violetas soltas ao vento.
>
> (...)
>
> Adeus, querida. Beijos ao Mécio e netinhos e a bênção da tua mãe que muito te estima
>
> Anna

O intuito deste livro não é outro senão fornecer elementos para que todos conheçam e analisem a vida de Anna de Assis. Mas que não julguem, pois a vida humana, com suas dores e sofrimentos, paixões e alegrias, não é matéria para julgamento. Será muito mais motivo para compreensão e solidariedade. O mesmo, sem dúvida, para um gênio como Euclides da Cunha.

Em outro tópico de seu último depoimento, Dilermando de Assis relembra:

> Como disse certa vez, numa roda de oficiais, o general Góes Monteiro, sou um homem que só tem encontrado maré pela proa.

Sobre as consequências da *tragédia da Piedade* em sua vida, diz:

Em minha pessoa, pessoa física, outra consequência foi o sofrimento de novos traumatismos, novas lesões graves e intervenções cirúrgicas, inclusive sutura do fígado e o arquivamento, em meu corpo, de mais dois projéteis de arma de fogo. Ficaram-me, pois, em minhas carnes e em meus ossos, duas balas do pai e duas do filho, as quais não puderam ser extraídas. Estão por mim destinadas aos museus euclidianos, depois de minha morte, quiçá em São José do Rio Pardo (onde predomina a balela de *Os sertões* ter sido escrito num barraco de sarrafo coberto de zinco), na Academia de Letras (que, aliás, seja dito de passagem, tem sido muito criteriosa e prudente em suas manifestações) ou no famoso "Grêmio Euclides da Cunha"...

(A que afetou a espinha dorsal de Dinorah deve estar com os herdeiros do humanitário médico doutor Ribeiro da Silva, grande intelectual que lha extraiu quando, em São João Del Rei, para onde o transportei doente, esteve à morte e se acreditava poder ser a compressão de medula a causa de seu grave estado de saúde de então.)

Com relação a Dinorah, um verdadeiro anjo de bondade, simples e modesto, que se revelou um herói a 15 de agosto de 1909, quando, desarmado, arriscou a sua vida para defender a minha (e o encarregado do inquérito policial classificou de cúmplice, porém nem pronunciado foi pela Justiça Pública), as consequências foram, injustamente, muito mais funestas.

Acusado e infamado, viu-se constrangido a cortar sua futura carreira aos vinte anos de idade, e a deixar a Escola Naval e o meio seleto que frequentava em Botafogo. Tanto física como psiquicamente, ficou gravemente prejudicado pela tragédia. Perdeu a energia muscular, tornou-se hemiplégico, deprimindo-se-lhe o senso moral, embora tivesse momentos lúcidos e, nas alternanças de seu estado de desequilíbrio mental, relevasse as consequências dolorosas do abalo psicofisiológico sofrido, graças aos tiros contra ele disparados pelo doutor Euclides, dos quais um lhe traumatizou a coluna vertebral, na região cervical. Foi, como escreveu o grande jornalista patrício de Porto Alegre, Acélio Dauat, "a vítima esquecida de Euclides da Cunha". Ninguém recorda sua magna desdita. E ninguém diz que foi Euclides da Cunha, o *grande e saudoso* escritor, que o alvejou e feriu *pelas costas* quando corria para seu quarto, dentro de *nossa casa.*

Anna de Assis, procedendo com dignidade, não reproduziu para a história sua vida íntima com o escritor Euclides da Cunha. Mesmo depois de sua morte, tantas calúnias e mentiras ainda surgem como certezas e verdades. Porque sempre se falará sobre *Os sertões* e Euclides da Cunha, Judith Ribeiro de Assis faz este seu depoimento – *Anna de Assis: História de um trágico amor* – como a última tentativa para se relegar o assunto a um passado remoto.

35
Mais uma entrevista injuriosa contra Anna de Assis

A roda da malquerença nunca cessou de girar e perseguir Anna de Assis. Consequentemente, a seus filhos também. Com certeza, não bastará este livro para pontuar verdades, serão precisos outros anos de discursos, argumentos e defesas para acalmar alguns fanáticos que buscam incessantemente confundir a produção literária genial de um homem com fatos de sua vida. Estes, se não foram simples e corriqueiros, pelo contrário, tristes e trágicos, estão a merecer de nossa parte apenas a complacência de uma perplexidade diante do mistério da vida humana.

Não só os adoradores literários de Euclides da Cunha sempre estiveram prontos a condenar Anna e Dilermando de Assis. Em 23 de novembro de 1946, a reportagem a seguir chamava a atenção dos leitores do jornal *Diretrizes*.*

ESPULHADOS OS HERDEIROS DE EUCLIDES DA CUNHA

O incrível negócio com os direitos autorais de *Os sertões*. Vivem em Friburgo, e nada recebem dos editores, os únicos descendentes diretos do grande sociólogo. O caso da reedição de *Peru versus Bolívia* pela Livraria José Olympio. O caso das traduções e a necessidade de uma providência do poder público.

Friburgo, 23 (do enviado especial de *Diretrizes*)

Lamentavelmente ignorados pelo governo e pelos amigos e admiradores do inditoso escritor de *Os sertões*, enfrentando não pequenas dificuldades para sua subsistência e educação, vivem nesta cidade quatro netos de Euclides da Cunha, os seus últimos descendentes em linha direta.

Filhos do casal Manoel Afonso da Cunha, falecido em 1932, e da senhora Albertina, com quem contraiu núpcias, são eles os menores Norma, Eliete, Maria Auxiliadora Santos da Cunha e Euclides Rodrigues da Cunha Neto.

Vive a progênie do único filho do sociólogo ilustre da campanha de Canudos, que logrou sobreviver à tragédia da Piedade, em um cômodo de modesta casinha à rua General Osório, 33, pois, aqui, como alhures, o problema da casa de aluguel módico é grave, senão insolúvel para as classes menos favorecidas.

---

*Tratava-se do jornal e não da revista *Diretrizes*. Esta foi fechada em 1944 pelos agentes do DIP, a polícia do ditador Getúlio Vargas. O jornal *Diretrizes* circulava diariamente, sob o rótulo *Um jornal completo para o povo*.

OS DIREITOS AUTORAIS SOBRE *OS SERTÕES*

É de estranhar-se, à primeira vista, achem-se nessa situação os netos de Euclides da Cunha pela presunção de que deviam estar amparados, senão pelo governo, pelo menos através dos direitos autorais oriundos da publicação dos livros do grande brasileiro – alcançou inúmeras edições no país.

Entretanto, nada disso ocorre, infelizmente, pelo descaso do poder público e pela legislação sobre direitos autorais, que deixa no Brasil o escritor à mercê da ganância e da falta de escrúpulos dos editores, que enriquecem sempre em detrimento dos autores de livros, sempre pobres.

Inquirida a propósito dos direitos autorais sobre *Os sertões* pela reportagem de *Diretrizes*, a senhora Albertina Santos, nora de Euclides da Cunha, passou a palavra à filha Norma que, melhor informada sobre o assunto – embora desconheça pormenores –, declarou-nos o seguinte:

– Sei apenas que vovô negociou com a Livraria Francisco Alves os direitos autorais das edições de *Os sertões*, sobre as quais recebia uma importância que ignoro. Depois de sua morte violenta e da dos meus tios Euclides e Solon, o primeiro abatido pela mesma mão que eliminou o vovô e o segundo assassinado no Acre, quando delegado de polícia ali, o quinhão de ambos era recebido pela viúva de vovô, hoje esposa do coronel Dilermando de Assis, e por papai a terça parte, provavelmente.

Após a morte de papai, que se verificou a 29 de junho de 1932, em dezembro do mesmo ano saiu mais uma edição de *Os sertões*. Cientificada, mamãe procurou receber dos editores a parte que cabia a papai sobre os direitos autorais da obra, sendo então informada de que, apresentando-se como viúva de vovô, dona Anna Solon de Assis negociara com a Livraria Alves a cessão definitiva, por venda, dos direitos autorais de *Os sertões*.

Nunca mais recebemos algo sobre as novas edições que se seguiram do referido livro, cerca de quatrocentos cruzeiros por edição. Posteriormente fomos informados de que vovó Anna desde que se casou com Dilermando de Assis não tinha mais direito algum sobre algo do espólio de vovô e de seus filhos Euclides, Solon e Manoel Afonso.

Procurada por um advogado amigo, o doutor Miguel Silva, a senhora Dilermando de Assis disse-lhe que efetivamente tinha errado recebendo e negociando a venda dos direitos autorais de *Os sertões*, que o dinheiro gastara; que a pusessem na cadeia ou que a enviassem para sua companhia.

NUNCA SE PREOCUPOU COM OS NETOS

Valendo-se de ligeira pausa feita em sua digressão pela senhorita Norma Santos da Cunha, interveio então sua genitora para dizer:

– Não optamos por nenhuma das sugestões oferecidas pela senhora Dilermando de Assis, mesmo porque ela nunca se interessou pelos netos nem pelo seu filho Manoel Afonso, meu marido, não se dignando a vê-lo quando do seu falecimento, não obstante a participação que lhe fizemos, aguardando-a em Friburgo inclusive com um carro para transportá-la a Cordeiro, onde meu marido foi sepultado ao lado de minha mãe, como desejava.

Dona Albertina Santos, como sua filha Norma, refere-se à sogra e avó sem rancor, chamando mesmo atenção do jornalista, ao mostrar-lhe as últimas fotografias da senhora Anna Solon de Assis, para a beleza física da criatura que foi o "pivô" do drama da vida de Euclides da Cunha, que o tempo não logrou atingir, em que pesem as rugas do rosto onde brilham dois olhos que pareceram ao repórter anunciados talvez pela tragédia de que participou...

O CASO DA REEDIÇÃO DO *PERU VERSUS BOLÍVIA*

A senhorita Norma Santos da Cunha, ressumando em seus gestos e atitudes, apesar de sua juventude, energia, personalidade e inteligência, aludiu depois às edições de outro famoso livro de Euclides da Cunha, *Peru versus Bolívia*, dizendo o seguinte:

– Vovô não vendeu os direitos autorais de sua obra *Peru versus Bolívia*. Tanto assim que papai, com um exemplar da primeira edição daquele livro, deu plenos poderes ao doutor Galdino do Vale para negociar a venda dos direitos autorais, se não me engano ao governo federal, tendo ocorrido algo nesse sentido no Senado. Sobreveio, porém, a revolução de 1930 e de nada mais soubemos a respeito. Mais tarde fomos surpreendidas com a reedição do *Peru versus Bolívia*, feita na série *Documentos Brasileiros* sob o número 17, pela Livraria José Olympio...

Como no caso de *Os sertões* – que além das edições em vernáculo foram vertidos para o espanhol, na Argentina, e para o inglês, nos Estados Unidos –, nada recebemos da editora José Olympio relativo à reedição do *Peru versus Bolívia*, livro que não caiu em domínio público, como os demais da autoria de meu avô – acrescentou a senhorita Norma Santos da Cunha.

OBJETOS QUE EVOCAM EUCLIDES DA CUNHA

Em seguida, a interessante neta do escritor mostrou ao jornalista vários objetos de uso pessoal e lembranças de sua atuação como engenheiro, inclusive um cartão em prata oferecido a Euclides da Cunha pelo senhor Inácio Wallace da Gama Cockrane, diretor da Superintendência de Obras Públicas "em testemunho de seu inexcedível zelo e dedicação no desempenho de seus deveres", datado da ponte de São José do Rio Pardo, em 15 de maio de 1901, e várias placas de vidro com aspectos fotográficos das diversas fases da construção daquela obra de engenharia, com um dispositivo para vê-las de encontro à luz.

Adiantou mais a senhorita Norma Santos da Cunha, que o diploma de engenharia militar conferido a Euclides da Cunha acha-se em poder de seu avô materno, senhor José dos Santos, em Cordeiro.

Ainda a propósito de um esbulho sofrido pela família, disse-nos a senhorita Norma que Euclides da Cunha deixou em São Paulo uma propriedade rural, possivelmente vendida após seu assassinato, porquanto, na ignorância do que fazia, seu pai assinara em São Paulo vários papéis, quase criança ainda, quando na companhia da senhora Anna Solon de Assis.

PRÓ-DESCENDENTES DE EUCLIDES DA CUNHA

Cantagalo, terra natal de Euclides da Cunha, orgulha-se desse evento. E tem motivos para tanto, pois a glória imperecível do seu grande filho não cabe nos lindes restritos do município, principalmente depois da projeção continental de *Os sertões* através de sua versão castelhana e mundial com a trasladação para o inglês do livro. Para perpetuar esse desvanecimento cívico, deu a uma de suas principais praças o nome do grande escritor, erigindo-lhe também uma herma.

Contudo, esqueceu-se de velar pelos netos de Euclides da Cunha, assegurando-lhes pelo menos a educação, caso não os aproveitasse no quadro de servidores municipais.

O Itamarati, por seu turno, casa a que tantos e assinalados serviços prestou Euclides da Cunha ao tempo de Rio Branco, jamais moveu uma palha em favor dos descendentes diretos do sociólogo, sendo de notar que há oportunidade ainda do resgate dessa dívida para com a memória de Euclides da Cunha, como a melhor e mais significativa homenagem póstuma ao seu ilustre ex-auxiliar, tão do afeto do chanceler nome tutelar da casa, dando-lhes uma função condigna na sua biblioteca, senão na Fundação do Instituto Rio Branco.

E dizer-se que os netos de Euclides da Cunha, as meninas Norma e Eliete, fizeram preparatórios, e Maria Auxiliadora com o jovem Euclides da Cunha Neto estudam ainda, graças à circunstância fortuita de ser o professor Carlos Cortez, proprietário do Ginásio Modelo, de Friburgo, concunhado de seu pai...

No mesmo jornal, edição de 29 de novembro, a coluna "Contra a Mão", escrita por Gondim da Fonseca, comentava a reportagem com este tópico final:

É de crer que o general Eurico Gaspar Dutra se interesse pela sorte das quatro crianças. Uma delas, Euclides da Cunha Neto, precisa bastante de estudar. Onde? Com que meios? E as três meninas suas irmãs? Que destino terão se o Brasil não as ampara?

A tragédia de Euclides continua. Não terminou com o seu assassínio.

A repercussão da reportagem prosseguiu. Na edição de 4 de dezembro, *Diretrizes* anunciava:

A CARTA DE NORMA IMPRESSIONA OS DEPUTADOS

Euclides de Figueiredo lê da tribuna a carta de uma neta de Euclides da Cunha. O melhor argumento a favor do projeto de lei sobre direitos autorais. Olegário Mariano ficou emocionado.

Em reportagem e, logo depois, numa crônica emocionante de Gondim da Fonseca, este jornal ocupou-se, há dias, da situação de permanente apertura financeira em que vivem os descendentes de um homem que enriqueceu, como poucos, a literatura nacional – Euclides da Cunha. As revelações que fizemos e o apelo que o cronista de "Contra a Mão" endereçou ao governo despertaram o maior interesse e simpatia pelos netos do autor de *Os sertões*.

Ontem, na Câmara, ao apresentar o projeto de lei sobre direitos autorais no Brasil, o deputado Euclides de Figueiredo apresentou, a favor desse projeto, o melhor dos argumentos: uma carta de Norma, neta de Euclides da Cunha ao escritor Guilherme de Figueiredo, presidente da Associação Brasileira de Escritores. A leitura dessa carta emocionou os deputados.

A CARTA DE NORMA

Documento impressionante, essa carta, que transcrevemos a seguir, confirma inteiramente o que revelamos, em primeira mão, sobre os netos de Euclides constituindo ainda a melhor justificativa do projeto de lei que visa proteger os escritores brasileiros contra a pobreza.

A carta de Norma, em linhas gerais, expõe exatamente o que foi revelado à reportagem de *Diretrizes* e publicado na edição de 23 de novembro de 1946. A matéria se encerra ouvindo o poeta Olegário Maciel, então membro da Academia Brasileira de Letras.

Na edição de 16 de dezembro, *Diretrizes* publicava a carta enviada por Luiz Ribeiro de Assis, diretamente a Albertina e filhos, já que nem desta vez a mãe saiu de seu silêncio para se proteger.

A propósito da reportagem publicada por *Diretrizes* sob a epígrafe acima, solicitou-nos o senhor Luiz Ribeiro de Assis, filho do casal senhora Anna Solon de Assis–coronel Dilermando de Assis, a publicação da seguinte carta, que enviou à senhora Albertina Santos e filhos, respectivamente nora e netos do pranteado autor de *Os sertões*:

Rio de Janeiro, 12 de dezembro de 1946

Prezada cunhada e sobrinhas.

Causou-me bastante surpresa vocês, cunhada e sobrinhos, concederem tão injusta entrevista à ilustre reportagem de *Diretrizes*, publicada na edição final do dia 23 de novembro p.p., visando, com o seu teor, auferir vantagens sentimentalistas para conseguir uns direitos autorais e muito embora sabendo-se que esses direitos não lhes vão proporcionar a solução de problema de como se viver melhor...

A minha muito idolatrada e santa mãe (já recebeu a extrema-unção por ocasião de seu internamento numa casa de saúde), essa que vocês acusam de apropriar-se de direitos que lhes assistem e de indiferentismo à sorte até do próprio filho Manoel Affonso da Cunha (Afonsinho), por ocasião de sua morte, é a mesma, hoje anciã venerável, que acolheu você, Albertina, em sua casa lá no Méier, carinhosamente, e onde você sentiu de perto as demonstrações de amor dedicadas àquele último filho do grande escritor Euclides da Cunha.

Do meu próprio pai, o tão "bárbaro Dilermando", você e o Afonsinho, então recém-casados, receberam manifestações de apreço e carinhos.

Antes do Afonsinho morrer, em casa da minha mãe, ele era visto frequentemente e em perfeita comunhão de sentimentos, e em certa vez (creio que a última) ele abraçado à sua mãe e cercado de seus irmãos maternos Laura, Judith, João, Frederico e inclusive eu, não atendia a nossos rogos para ficar em casa mais tempo, alegando que esperavam-no, em Cordeiro, os seus filhinhos dos quais tinha saudades.

A mamãe sempre quis muito bem ao Afonsinho e hoje em dia sente vontade de ver os seus netos, manifestando-se sobre isso há pouco tempo, antes de vocês virem a público com essa entrevista injuriosa à sua pessoa.

Garanto-lhes que sobre direitos autorais a mamãe não criaria dificuldades para proporcionar aos filhos do próprio filho o que porventura lhes fosse de direito, mas não dará ensejo, em absoluto, de pessoas estranhas, como o doutor Miguel Silva, virem à sua casa interpelá-la a respeito de um passado doloroso. Relativamente a um esbulho sofrido pela família Cunha, com referência a uma propriedade em São Paulo, deixada por Euclides antes de morrer, e vendida após o seu "assassinato", como podem mencionar tão infundada acusação, sabendo-se que foi a mamãe a esbulhada de todos os seus haveres, e inclusive objetos do próprio Euclides da Cunha, encontrados, atualmente, como instrumentos de vingança em poder de diversas pessoas?

Na entrevista vocês deveriam mencionar o seguinte:

"Ao finar-se Euclides a senhora Anna Solon da Cunha foi esbulhada de todos os seus haveres, e abandonada por todos, inclusive os seus parentes mais próximos que a renegaram..."

Não, Norma! Antes de qualquer apreciação ou comentários de fatos dessa natureza, devemos, com imparcialidade, ser justos e apelo para você (creio que a mais velha da família) não se deixar levar por falsas e malévolas imaginações de mercenários exploradores da desgraça alheia.

Cheguei à conclusão de que terceiras pessoas, esgotados os recursos de exploração da tragédia Euclides × Dilermando, voltam-se agora para jovens criaturas mal-informadas, utilizando-as como instrumentos de ataques em prol de torpes objetivos.

Como a sobrinha Norma, muita coisa ignoro dos detalhes de certos fatos oriundos da malfadada ideia de Euclides da Cunha, instruído, ou melhor, instigado por amigos (amigos da onça) ir à Piedade assassinar o aspirante Dilermando de Assis, mas não ignoro que o notável escritor, absorvido pelos seus trabalhos de engenharia e literários, privava a sua muito jovem esposa, casada sem amor, por conveniência familiar, dos carinhos indispensáveis à sensibilidade de uma mulher romântica e sadia, criando-lhe um ambiente propício à consumação irresistível do que humanamente foi inevitável...

Foi lamentável o desfecho desse epílogo e eu afirmo com sinceridade que admiro com respeito e acatamento todos os personagens desse drama da vida, arrastados, implacavelmente, uns à morte, outros à amargura em vida.

Euclides, Anna, Dilermando, Euclides Filho, são vítimas de um destino cruel e todos eles, compelidos pelas circunstâncias, contribuíram, entre si, para as suas próprias desgraças; mas, em meio a essa odisseia dolorosa, emergindo da bruma da provação, todos expiaram os seus crimes e ressurgiram, redimidos, dos seus pecados para não mais merecerem incriminações estúpidas.

Aqui termino estas linhas, escritas unicamente em consideração ao fato de vocês serem a viúva e filhos do meu saudoso irmão Afonsinho, e aproveito a oportunidade para advertir-lhes que a senhora Anna de Assis vive hoje cercada dos carinhos de grandes amigos, filhos, genros e noras; foi e é extremamente bondosa, residindo à rua dos Oitis, nº 19, na Gávea, onde vocês serão recebidas com o máximo carinho e boa vontade.

Um dia, por sugestão minha, ela que sempre calou, dará uma entrevista à imprensa, a fim de mencionar a verdade sobre a sua vida trágica e, depois... "atirem" a "primeira pedra"...

Luiz Ribeiro de Assis

Em *Diretrizes*, Norma, filha de Manoel Afonso, acusa a avó e a condena publicamente pela união com Dilermando de Assis, reforçando todos os equívocos sobre a morte do avô. Isso em 3 de janeiro de 1947, em resposta à entrevista de Anna de Assis publicada a 30 de dezembro de 1946.

36
Eu é que posso falar sobre Euclides da Cunha: vivemos juntos!

Finalmente, a 30 de dezembro de 1946, o jornal *Diretrizes* publicava a única entrevista concedida por Anna de Assis em toda a sua vida.

Lendo-se a entrevista, que transcrevemos na íntegra, analisando-se as informações de Anna de Assis e sabendo-se que foram veiculadas em um jornal de prestígio e ampla circulação, é de estranhar como biógrafos e adoradores euclidianos jamais tinham tomado conhecimento dessa reportagem e de suas verdades. Ignoraram as palavras de Anna de Assis e persistiram em erros históricos que, friamente analisados, só podem indicar que havia o intuito de mistificar mentiras e torpes balelas. E, neste item, os membros do Grêmio Euclides da Cunha de São José do Rio Pardo surgem como verdadeiros réus, ímpios e falaciosos. Não somos nós que o dissemos, sim Anna Emília de Assis. Basta examinarmos a sua única entrevista na íntegra.

NÃO ME RALO DE REMORSOS!

Dona Anna de Assis está escrevendo suas memórias: "Eu é que posso falar sobre Euclides da Cunha: vivemos juntos!"

Conversamos hoje, durante duas horas, com dona Anna Solon de Assis, numa casa tranquila da Gávea. Ficou combinado, na despedida, que somente uma parte da longa conversa seria reproduzida neste jornal. A outra parte só será divulgada em volume. É que a viúva de Euclides da Cunha está escrevendo suas memórias. Um livro mais sensacional do que o de Isadora Duncan. Explicou-nos ela:

– Não sob o aspecto artístico ou literário. Não sou nenhuma "ba bleu". Não faço literatura. Escrevo como converso, sem me ocupar com as galas do estilo. Contarei tudo, apenas, e com todos os detalhes, desde 16 de novembro de 1889, data em que conheci Euclides, até o dia de hoje.

ENCONTRO COM EUCLIDES

E dona Anna de Assis descreve o primeiro encontro:

– No dia seguinte ao da Proclamação da República, Euclides foi lá em casa acompanhado de um rapaz de nossas relações. Queria um favor de meu pai, o marechal Frederico Solon, que gozava, na ocasião, de grande prestígio político e social. Euclides tinha sido expulso da Escola Militar. Estava à paisana. Fui recebê-lo à porta, e ele escondeu-se timidamente atrás de um pé de manacá. "Tipinho esquisitinho!..." – pensei comigo. Mas, apesar de tímido, Euclides deixou sobre a mesa uma declaração de amor. Ficara louco por mim! Depois tive a prova: ele guardava uma folhinha com a estampa de linda rapariga. "Eu só me casaria – me disse Euclides – quando encontrasse uma criatura assim." E então nos casamos. Meu pai levava muito a gosto o nosso casamento. Admirava Euclides, eu também. Mas não estava apaixonada. Era só influência de menina. Casamo-nos, um ano depois de Rondon. Quase todo o Ministério esteve presente à cerimônia.

A BELA DE JAGUARÃO

Euclides tinha razão. Aos setenta e cinco anos de idade, dona Anna de Assis ainda mostra o que foi aos quinze anos, quando deixou o Colégio das Irmãs para casar com o escritor. Um amor de mulher! E ela própria confessa que foi realmente linda. Enchia um salão. Mas a gauchinha de Jaguarão não era só formosura. Tinha "sex-appeal" e muita personalidade. Ainda hoje seus olhos brilham e sua voz tem acentos de mocidade. Acorda cedo, toma banho de chuveiro e é capaz de saltar de um bonde em movimento. Outrora fumava três maços de cigarros por dia. Hoje é abstêmia. Não bebe nem fuma. Saúde perfeita, excelente bom humor, uma memória de anjo.

OSTRACISMO SOCIAL

– Em mocinha era muito despachada... – sorri dona Anna de Assis. – Uma vez, em Buenos Aires, como o meu pai estivesse ocupado, recebi os jornalistas e dei uma entrevista à imprensa. Tive uma vida social muito intensa. Há muitos anos, porém, que vivo isolada. Quase não saio. A não ser aqui por perto, para visitar os meus filhos e netos. Mas vivo feliz no meu ostracismo social. Completamente feliz! Minhas filhas casaram-se bem. Também são felizes. E meus netos me adoram. Passo os dias sozinha, lendo, escrevendo, ouvindo rádio. Pode haver maior ventura na velhice de uma mulher condenada, na juventude, a viver eternamente infeliz? Não sou Maria Madalena! Não me ralo de remorsos. Não me queixo dos outros, nem odeio a ninguém. Como acontece nas tragédias gregas, a culpa entre nós também cabe aos deuses. Compreendi logo que tínhamos sido vítimas da Fatalidade. Por isso me recusei em atender a um amigo de Euclides que me pediu que acusasse Dilermando. Não acusei, nem acuso ninguém.

O SUCESSO DE *OS SERTÕES*

– Mas tudo isso será compreendido um dia – prediz a viúva de Euclides. – Direi toda a verdade, inclusive sobre o motivo determinante do grande sucesso de livraria de *Os sertões*. Note que me refiro ao êxito comercial, e não ao literário. A saga da literatura brasileira seria grande sob quaisquer circunstâncias.

MENTIRAS DE ELÓI PONTES

– A tragédia converteu-se em fonte de renda para muitos medíocres – prossegue dona Anna de Assis. – Sujeitos que nem conheceram Euclides tornavam-se seus defensores... em causa própria. Esses tipos nunca privaram conosco. Nosso meio era fino demais para eles. Nossas relações eram com gente boa, como o barão do Rio Branco, Machado de Assis, Sílvio Romero, Oliveira Lima, Coelho Neto etc. Esses, sim, nos conheceram de perto. E é preciso conhecer para poder julgar. Ainda assim há pessoas que não julgam. Preferem amar. Nunca me esqueço destas palavras de Gaby Coelho Neto: "Seja mentira ou verdade, Anninha, serei sempre tua amiga."

E Gaby, como seu marido, tinha admiração por Euclides. Pois bem: vem agora um Elói Pontes, que nada sabia de nossa vida, e resolve escrever mentiras sobre Euclides da Cunha. Só não dei nele, na rua, porque Orestes Barbosa procurou aplacar minha justa revolta contra o livro de Elói numa vitrina de livraria.

EUCLIDES E PAGANINI

– Eu é que posso escrever sobre Euclides – continua dona Anna de Assis. – Vivemos juntos. Dormimos no mesmo quarto.

"Duvido que alguém tenha por ele maior admiração do que a minha. Mas o escritor era diferente do homem. Euclides foi a criatura mais orgulhosa que conheci. Tinha muita ambição e, no entanto, era de uma honestidade absoluta. Mas, como todo puritano, era seco de coração. Chegava a ser ríspido. Não fazia carinhos. Nem aos filhos. Valente e tímido, simples e ao mesmo tempo doentiamente vaidoso, era um homem complexo. Quase não elogiava ninguém. Coelho Neto, para ele, era um escritor "para mulher". Foi uma luta para persuadi-lo a escrever o prefácio de *O inferno verde.*

Euclides relutou muito. Não achava que o Alberto Rangel fosse um bom escritor. Outro defeito de Euclides: escrevia a lápis nos punhos da camisa. Não cuidava de sua aparência. E, depois, como era feio! Só uma coisa chamava atenção: seu olhar fulgurante.

"Como Paganini, Euclides também tinha grande desgosto de ser feio. Odiava a fealdade e a velhice. Nunca soube por que ele não podia recitar ou discursar na minha presença.

"DEIXARAM-ME LIMPA"

– Quando ocorreu a tragédia – continua dona Anna de Assis, mudando um pouco de assunto –, os parentes de Euclides carregaram tudo. Deixaram-me limpa. Livros, manuscritos, apontamentos, correspondência etc. Feito o inventário, nada me coube. Mas sou a herdeira legítima das obras de Euclides. Seu *copyright* me pertence. Não abro mão dos meus direitos. Quanto aos papéis que levaram, pouca falta me fazem como fichário, pois tenho boa memória! Reproduzi de cor tudo o que sucedeu nestes últimos cinquenta e sete anos.

A ENTREVISTA DE NORMA

Dona Anna de Assis leu a entrevista que Norma, neta de Euclides, concedeu a *Diretrizes*, mas prefere não falar sobre o assunto. Insistimos, e ela exclama:

– Ri melhor quem ri por último!...

Faz uma pausa e prossegue:

– Norma ignora o que se passou. Se conversasse comigo saberia então a verdade. Mas sua mãe, que se casou com um chofer, segundo ouvi dizer, sempre evitou que meus netos me visitassem, apesar do convite que lhes mandei. Minha porta nunca esteve fechada para eles. Se quiserem vir, continuo às ordens. Mas estou muito velha para ir buscá-los...

A esta altura pedimos um esclarecimento a dona Anna de Assis: onde Euclides escreveu *Os sertões*?

– Na Fazenda Trindade, em São Carlos do Pinhal – informa a nossa entrevistada. – Foi lá que Euclides trabalhou no livro, escrevendo dia e noite. Como tinha uma "letra mesquinha", no dizer do Rangel, pagou a um rapaz para passar tudo a limpo em caracteres legíveis. Na noite em que a obra ficou pronta, Euclides teve a primeira hemoptise. Encontrei-o banhado em sangue no quarto de dormir. Passamos ainda três meses na fazenda. Depois ele foi construir a ponte de São José do Rio Pardo. A cabana onde dizem que Euclides escrevera *Os sertões* era apenas um ponto de reunião. Euclides trabalhava o dia todo. Ainda que o quisesse, não poderia escrever sob o martelar constante das bigornas. Nas minhas "memórias" destruirei as fantasias dos cronistas de Euclides. Meu livro poderá não ser muito bonito, mas será verdadeiro!

O jornal *Diretrizes* publicou a única entrevista de Anna de Assis. Em resposta, os "euclidianos" simplesmente afirmaram que Anna de Assis, devido a idade, encontrava-se esclerosada.

37
Anna e Dilermando se reencontram sem testemunhas

Em junho de 1950, Anna de Assis morava na rua dos Oitis, no bairro da Gávea. Dois de seus filhos, Luiz e Frederico, residiam com ela. Sempre que adoecia, tantas vezes acometida com crises de asma, era transferida para a casa da filha Judith. Isso aconteceu em muitas ocasiões, até mesmo em certas madrugadas, num ritmo de urgência determinado pelo constante desvelo dos filhos para com a mãe.

No entanto, neste junho de 1950, Anna se encontrava muito doente e não quis deixar a própria casa. Por mais que Judith insistisse na sua locomoção, ela teimou em permanecer onde estava.

O doutor Nélson Passarelli, médico de reconhecida competência, um dos mais proeminentes da época, foi chamado para examinar a doente. Ele compareceu à rua dos Oitis, procedeu à meticulosa consulta. Foi realizada uma biópsia. E o resultado comunicado aos filhos: era câncer. Entretanto, quiseram o parecer de outro afamado médico, o doutor Mário Campos. Ele foi examiná-la exatamente no dia 30 de junho, data de aniversário de Frederico.

Não houve festas e comemorações nesse dia. Ao contrário, a dor e o desespero foram os sentimentos que se alastraram entre os filhos e os netos de Anna de Assis. O doutor Mário Campos informou que ela tinha apenas três meses de vida.

Aqueles cinco filhos que acompanharam a mãe a vida toda, que nunca se separaram dela quando sofreu todas as dores de tantas tragédias; aqueles filhos que adultos nutriam pela mãe a mesma veneração do tempo de crianças, diante da morte iminente, coesos, movidos por um único sentimento, reagiram identicamente: exasperaram-se, enlouqueceram.

Aparvalhados, inconsoláveis, procuraram assim mesmo agir e cuidar da mãe. Preocuparam-se em transmitir aquela notícia ao pai ausente.

O general Dilermando de Assis, na ocasião, residia em São Paulo, exercendo as funções de diretor do Instituto Histórico e Geográfico do Estado de São Paulo, a convite do governador Ademar de Barros.

Judith ficou encarregada de telefonar para São Paulo e efetuar a triste comunicação. Ela se lembrou então que havia seis anos nem sequer falava com o pai. E isso aconteceu porque em 1944 sua mãe esteve muito doente, vítima de agudas crises de asma, e o pai se negou a prestar assistência a ela. Essa foi a primeira grave enfermidade de Anna de Assis, que quase a matou. Aí, também, todos os filhos esmeraram-se em cuidados e atenções para com a mãe. Não se pouparam, inclusive utilizando todos os recursos financeiros disponíveis para um tratamento bastante dispendioso. As despesas se avolumaram e toda a família se viu obrigada a determinados sacrifícios em seu orçamento doméstico. Anna de Assis esteve internada na Beneficiência Espanhola, um hospital caro devido à excepcional qualidade de atendimento.

A situação obrigou Judith a solicitar a interferência e a ajuda do pai. Ele já residia em São Paulo e se recusou a dispensar qualquer auxílio de natureza pecuniária para o tratamento de saúde de Anna de Assis.

Essa atitude deixou todos os filhos revoltados. Mas a mãe recuperou a saúde e, com o tempo, a revolta filial se desvaneceu naturalmente. Só Judith e o marido romperam de forma mais drástica com Dilermando de Assis, pois houve uma troca de correspondência ríspida e rancorosa. A partir daí, Judith não reencontrou o pai, ignorando-o completamente durante seis anos. Nem mesmo lhe comunicou o nascimento de mais uma neta, Tânia, ocorrido em 1945.

Agora, Anna de Assis estava novamente doente, seu estado era comprovadamente muito mais grave. Se antes a conta foi alta, desta vez seria maior ainda.

– Vamos chamar tudo quanto é medalhão para examinar a mamãe. Os médicos aos quais recorreremos serão as maiores sumidades brasileiras. Não vamos medir esforços. A mamãe é a nossa vida.

Anna de Assis está com setenta e seis anos de idade, e seus filhos, alucinados por ela, querem-na viva alguns anos mais.

Não se conformam com a doença. Por amor, revoltam-se contra a morte, mesmo reconhecendo que o câncer é uma doença inexorável.

Judith cumpre a incumbência de telefonar ao pai e dialoga com ele de forma direta, no seu proceder habitual:

– Papai, a mamãe está com câncer. Os médicos afirmam que ela tem apenas três meses de vida. Nós queremos dar a ela, neste período, o máximo. O máximo de conforto, o máximo de assistência. Tentaremos minorar as suas dores, fazê-la menos infeliz em seus últimos dias de vida. O senhor sabe que as condições financeiras de seus filhos, apesar de relativamente bem de vida, são insuficientes para tudo aquilo que queremos. Assim, novamente, peço a sua ajuda.

Ainda desta vez, no primeiro momento, Dilermando de Assis se recusa a auxiliar no tratamento de saúde da mulher. Mas isso se dá apenas no diálogo inicial com Judith. No segundo telefonema para São Paulo, a filha ouve o pai afirmar que viria ao Rio a fim de pessoalmente providenciar o melhor tratamento possível para Anna de Assis.

Ele chega ao Rio, se dirige à casa de Judith e faz um pedido:

– Minha filha, vá até sua mãe e diga-lhe que quero vê-la.

Judith transmite a mensagem:

– Mamãe, o papai está no Rio. Ele veio para visitá-la.

Anna de Assis demora alguns momentos antes de responder. Sai de um breve instante de total absorção, de uma aparen te apatia, em que na verdade realiza uma fuga ao passado e fala de forma conclusiva, grave, imperativa:

– Diga a ele que a minha porta está aberta até para os cachorros.

Judith volta à presença do pai e não troca as palavras para transmitir a resposta da mãe. A reação de Dilermando é apenas um sorriso. Um sorriso macio, dolorido, apático, expressando à filha que não há nenhuma surpresa diante das duras palavras da mulher. Dilermando não se mostra magoado, não reclama das palavras de Anna. A sua atitude é como se afirmasse: eu já esperava por isso, eu a conheço bem.

Dilermando apenas pede:

– Eu quero ver sua mãe sozinho.

No caminho da casa de Judith, de Copacabana para a Gávea, o pai ainda repete para ela:

– Faço questão que não tenha ninguém. Só eu e ela.

Assim, depois da separação acontecida em 1926, quando ela deixou a casa, seguida pelos cinco filhos, esta seria a única e última oportunidade para um diálogo a sós. E desde 1932, quase vinte anos transcorridos, Anna e Dilermando, que viveram um amor intenso, apaixonado, dramático, nem sequer se viram.

O carro estaciona em frente ao número 19 da rua dos Oitis. Judith deixa o pai para trás e entra na casa sozinha. Solicita que todos se retirem. Noras, genros, netos, filhos, enfermeira, empregadas domésticas, todos saem da casa. Passam por Dilermando, que aguarda no carro, cumprimentam-no e se afastam.

Judith tira a mãe do quarto, coloca-a em uma poltrona, na sala. Cuida de melhorar a sua aparência, já então muito magra, muito débil, lenta em seus movimentos e perdido todo o antigo vigor.

Judith dá permissão para a entrada do pai e retira-se da sala.

Após um prolongado diálogo com a mulher, Dilermando de Assis chega à janela que se abre para o quintal e chama:

– Judith, pode vir. Eu já vou embora.

A filha acompanha o pai até o carro. E nota-o muito triste, muito deprimido. Ele se vai com a sua dor. E ela retorna até a mãe, leva-a de volta à cama. Daí a alguns instantes, chegam todos os filhos.

– Quando meu pai entrou na sala, eu saí. Não ouvi sequer uma palavra do que se disseram. Saí e fui para o quintal. Era um quintal muito grande, imenso. Lá eu andava e chorava, chorava. Fiquei esperando. Eles se falaram por uma hora ou pouco mais. E não sei até hoje o que foi que eles conversaram. Mamãe já estava muito mal. Eu não quis cansá-la, indagando, perguntando. Afinal, também era uma coisa deles. Só deles. Não me senti no direito de perguntar, uma vez que ela não me contou nada. Eu tenho a impressão de que ele pediu perdão e ela não o perdoou. Pelo que aconteceu no Hospital Central do Exército, quando ela estava internada, e por tudo que aconteceu quando ele teve seus sucessivos derrames cerebrais, ainda em 1951, eu penso isso. Ela não o perdoou.

38
O sinal da cruz de S'Anninha é o perdão

O general Dilermando de Assis não regressa imediatamente a São Paulo, após o encontro com Anna. Preocupa-se com ela. Quer ter uma participação efetiva no tratamento de saúde e sugere o internamento no Hospital Central do Exército. Lá ela terá o melhor atendimento que a medicina brasileira da época poderia oferecer.

Anna de Assis será internada como dependente do general Dilermando de Assis, uma vez que a separação de ambos nunca foi oficializada pelo desquite. Por todas as leis dos homens, ainda permaneciam casados.

Todas as providências e acertos são realizados. Consegue-se para a enferma o melhor quarto do hospital. Marca-se a data de internação. E esse dia ficará na lembrança de todos os familiares de Anna e Dilermando.

Ela é levada para o hospital por todos os filhos, genros, noras e netos. E, também, por Dilermando de Assis.

Um solene cortejo penetra no prédio. Seria um momento para extrema tristeza, uma caminhada amarga, dolorosa. No entanto, alguns sorrisos, certa alegria equilibram os sentimentos.

Anna caminha de braço dado a Dilermando.

É uma cena bonita, muito singela, simples apenas, se tantos desajustes e tragédias não fossem o ponto final desse encontro.

A caminhada dos pais, ambos velhos e doentes, talvez fosse a realização de um desejo de todos os filhos. Que mãe e pai se dessem os braços e andassem juntos em um último instante da vida. Por isso, conseguem sorrir, enquanto choram. Assim, tristes, alegres, acompanham Anna e Dilermando pelos vastos corredores do hospital.

Cumprida a primeira etapa de seu dever de assistir à mulher, Dilermando de Assis retorna a São Paulo e às obrigações de diretor do Instituto Histórico e Geográfico do Estado. E de agosto de 1950, época em que se deu a internação, a maio de 1951, ele voltará outras vezes ao Rio para visitar Anna de Assis. Encontrará sempre os filhos em torno da mãe. Nesse período, Luiz e Frederico praticamente se mudaram para o hospital. E Laura, João e Judith lá não deixaram de ir um dia ao menos.

Até que o general recebe um chamado urgente.

Ele vem, imediatamente, comparecendo ao Hospital Central do Exército para aquela que será a sua mais importante visita à mulher.

Dilermando entra no apartamento e lá estão os filhos, além de alguns netos.

Anna de Assis, envelhecida, débil, em seus últimos momentos de vida, permanece quieta, respirando com dificuldade, cercada pela tenda de oxigênio.

Dilermando se aproxima, apoia-se no pé da cama, olha tristemente para Anna e pronuncia a frase que dói em todos:

– S'Anninha, me perdoa.

Ela já não fala. Ouve, compreende e faz um movimento com as mãos. Consegue levantar o braço direito, todos percebem o seu grande esforço. E ela move a mão, lentamente, para o gesto de um sinal da cruz.

O braço desce, pousa no lençol, ela fecha os olhos, permanece imóvel, apenas a respiração ofegante.

Dilermando não pronuncia mais palavra alguma. Vira-se, não encara os filhos, retira-se.

Enquanto ele volta a São Paulo, Anna de Assis entra em estado de coma e agoniza.

No último momento de lucidez, chama por um dos filhos. Frederico se aproxima, abre a tenda de oxigênio, a mãe se agarra firmemente a uma de suas mãos. O sopro final de vida se revela nas mãos apertadas na mão do filho, cravando-lhe as unhas fortemente.

Anna de Assis balbucia as despedidas da vida:

– Meu filho, se eu errei, já fui perdoada. Quem tinha de me perdoar já me perdoou. Eu vou para um lugar muito bonito, cheio de flores. Só lamento deixá-los.

Um fio de sangue escorre dos seus lábios. O forte edema é o seu último sacrifício, derradeiro transe. Ela desfalece.

E na data de 12 de maio, *segundo domingo do mês de maio*, dia de seu casamento com Dilermando, data tantas vezes coroada com os festejos do *dia das mães*, morre Anna de Assis, que por toda a vida soube ser principalmente mulher e mãe.

39
Não se vive e não se morre em paz neste país

Perplexos, os filhos de Anna de Assis constatariam que nem depois de morta a mãe teria paz e seria esquecida como a viúva de Euclides da Cunha.

Vários jornais noticiaram a sua morte. Nem todos foram isentos, nem todos procuraram apenas registrar o falecimento. Alguns trataram de revolver o passado e criaram fantasias, como a transcrita a seguir da *Revista da Semana* de 2 de junho de 1951; com seus erros e imperfeições.

> ANNA SOLON DE ASSIS
>
> A vida de Anna Solon de Assis, intimamente chamada S'Anninha, dá um romance trágico. Casada em primeiras núpcias com o grande escritor Euclides da Cunha, é lançada na viuvez por Dilermando de Assis, que abate a tiros o imortal autor de *Os sertões*, vindo depois a casar-se com ela. Do primeiro matrimônio houve um filho varão, rapaz de grande futuro e reconhecidos dotes morais e intelectuais... Esse jovem, trabalhando pela voz da tradição e recebendo, diariamente, insinuações sobre o dever que tinha de vingar a morte do pai, um dia decidiu matar Dilermando de Assis, seu padrasto então, não medindo as consequências que esse ato traria à própria mãe e aos demais membros da família. Aquela ideia obsessiva, irreprimível, não lhe saía do pensamento. Um dia, armando-se de revólver, foi vingar a morte do pai. Mas Dilermando de Assis sempre foi um grande atirador. Vendo-se alvejado, puxou de sua arma e disparou-a contra o enteado. O filho de Euclides falhara nos seus propósitos, não matando Dilermando, mas este acertara em cheio e fuzilava

o filho do grande brasileiro que também caíra morto por suas balas. Era a repetição da tragédia de 1908. Dona Anna Solon de Assis, que já passara pelas amarguras de uma viuvez trágica, volta a sofrer com este novo ato de um drama que se sabia como iria terminar. Serenados os ânimos, a vida do casal continuou normalmente, vindo outros filhos do segundo matrimônio. Dona Anna, filha do general Frederico Solon, o oficial brasileiro que entregara a Pedro II a ordem de exílio após a Proclamação da República, mulher de uma beleza fascinante, elegante e vaidosa, não pôde viver em companhia de Dilermando, separando-se amigavelmente. Ele, porém, sempre a cumulou de conforto e dedicação. Em novembro do ano passado, S'Anninha foi internada às suas expensas no Hospital do Exército atacada de câncer. Todas as semanas, porém, a manicure e uma funcionária de institutos de beleza lhe aformoseavam a velhice, e, um dia antes de morrer, lhe fizeram as unhas... E coisa curiosa: morreu sem saber qual a doença que a matava.

Logo que tomou conhecimento dessa notícia, Judith compareceu à redação da *Revista da Semana* e, durante horas, dissertaria sobre a mãe, sua vida e seu passado, a fim de prestar esclarecimentos, corrigindo inclusive o ano da tragédia, e refutar as mentiras torpes que ocuparam as linhas finais da notícia. Na edição de 16 de junho, a revista publicava outra notícia:

ANNA SOLON DE ASSIS

Uma das facetas mais belas da história da Roma antiga é aquela em que lemos o episódio de Cornélia, a mãe dos Gracos. Dama da mais alta estirpe, era dotada de virtudes peregrinas e de beleza fascinante. Certa vez, sendo visitada por outras senhoras da alta roda, vieram à baila as joias caras que usavam então. As visitantes mostraram a Cornélia os adereços mais fulgurantes e, depois, pediram à mãe dos Gracos: "Mostre-nos agora, querida Cornélia, as suas joias."

A senhora romana as atendeu e foi ao interior da casa, trazendo pelo braço os seus filhos. Apresentou-os às matronas vaidosas, dizendo com sorriso afetuoso: "Eis aqui as minhas joias." O episódio foi registrado pelos cronistas e atravessou os séculos, traduzido em todas as línguas civilizadas. Há no Brasil vários casos de mães devotadas aos filhos, pelos quais lutam e se sacrificam estoicamente. Um desses exemplos foi dessa figura tão conhecida e recentemente falecida no Rio de Janeiro: Anna Solon de Assis, filha do general Frederico Solon, cujo nome passou à história do Brasil no episódio da queda do Segundo Reinado. Dona Anna, que na intimidade da família era conhecida por S'Anninha, viúva de Euclides da Cunha, casou em segundas núpcias. Afastada, depois, do segundo marido, por motivos que não há interesse em apreciar aqui, já era ela mãe de cinco filhos do novo matrimônio. Não se entibiou com os reveses da vida, e, enfrentando o destino com aquela coragem moral da mãe dos Gracos, vencendo os maiores obstáculos, contando apenas com a sua disposição, estoica contra tudo, criou as crianças, educou-as dentro dos preceitos das virtudes cristãs, tendo tido a felicidade de ver, em sua velhice, as filhas dignamente casadas e adorando-a como a grande autora de suas felicidades. Dona Anna Solon de Assis, que trouxera no seu destino o signo da tragédia e do sofrimento, morreu em fins de maio último, deixando no seio da família desolada um dos maiores exemplos de dedicação materna diante das contrariedades da vida: o exemplo da virtude, da coragem de trabalhar para nutrir e educar os filhos pequenos e encaminhá-los na vida, a maior glória de uma mãe, no Brasil ou em qualquer parte do mundo.

Mas, como narra a própria Judith de Assis, não findou aí sua missão no sentido de preservar a dignidade da mãe:

– Não cessaram aí as minhas peregrinações pelos jornais e revistas. Aliás, a minha sina nos anos 1950, 1960, foi comparecer às redações para falar de minha mãe. Seria oportuno recordar que meu acesso a jornais se deu durante o período em que minha mãe se achava enferma, desenganada pelos médicos, com três meses de vida apenas pela frente. Nessa ocasião, o jornal *Última Hora*, de Samuel Wainer, empreendia uma campanha, propondo buscar no exterior um remédio que possivelmente curaria o câncer de eminente figura política. Não tive dúvidas. Procurei a direção do jornal, solicitando que trouxessem o remédio também para a mamãe. Pedi não. Implorei! Afinal, nós queríamos tudo para a nossa mãe.

Se, nesse momento, Judith esteve num jornal movida pelo desespero e pelo amor à mãe, nos outros ela iria explodindo de raiva e ferocidade. Várias vezes, Judith se atracou com jornalistas em violentos bate-bocas, sempre devido às calúnias veiculadas na imprensa a respeito de sua mãe. Apenas como ilustração, citaremos a reportagem "A tragédia que abateu Euclides da Cunha", de autoria de Raimundo Magalhães Júnior, publicada pela revista *Manchete*, em agosto de 1959, época em que se completaram cinquenta anos da morte do escritor. Após a veiculação da matéria, Judith esteve com o historiador Raimundo Magalhães Júnior, falou sobre sua mãe e seu pai, recebendo depois, da parte do escritor, uma corbelha de flores e seus cumprimentos, numa clara mensagem de pedido de desculpas pelos enganos cometidos na reportagem. Além das flores, a nota a seguir, divulgada pela edição de 29 de agosto de 1959, da revista *Manchete*:

A TRAGÉDIA QUE ABATEU EUCLIDES DA CUNHA

A reportagem publicada sob esse título, no nosso primeiro número de agosto, tem três pontos a serem retificados, o que espontaneamente fazemos. O primeiro refere-se à morte do menino Mauro. Um lapso ocasionou alteração do texto, dando a impressão de que a esposa do escritor concorrera

para a morte de um filho. Na verdade, devia ler-se o seguinte: "A 11 de julho nasce um menino, registrado na 7ª Pretoria como filho legítimo de Euclides da Cunha. O falso pai, com isso, evitava o escândalo. Ocultava a sua vergonha. A criança odiada, testemunho vivo do adultério, morre sete dias depois, de debilidade congênita. E de falta de cuidados, confidenciará, anos mais tarde, a mãe, que não podia sequer banhá-la e alimentá-la regularmente, trancada num dos quartos da casa, como prisioneira." Fica patente, pois, que não foi a mãe que concorreu para a morte da criança. Quanto ao segundo ponto, na publicação *Um conselho de guerra*, do ano de 1916, ficara já esclarecido a sem razão dos rumores de que, no processo anterior, a defesa deste fora custeada com os recursos provenientes de direitos autorais de Euclides da Cunha, pois, à página 73, está a documentação de que nem dona Anna Emília de Assis nem Dilermando tiveram que ver com o espólio de Euclides, tendo aquela senhora renunciado inteiramente a qualquer benefício, em favor de Euclides da Cunha Filho, desaparecido no sangrento encontro com o padrasto. Quanto ao temperamento de dona Anna Emília, ao tempo moça e bela, longe de ser inclinada a frivolidades e mundanismos, foi o de uma mulher de fibra excepcional. Envolvida por trágicos acontecimentos e enfrentando árduos sacrifícios, criou uma prole numerosa, de seus dois matrimônios, tendo cuidado de todos os filhos com o maior desvelo e procurado proporcionar-lhes excelente educação, com seu trabalho constante e honrado, até o seu fim de vida solitária, após a separação do segundo marido. Superou, assim, vicissitudes que só poderiam ser vencidas por uma grande energia e firme vontade.

40
Uma coincidência no cemitério como derradeiro lance da fatalidade

Não só os homens brincam com os destinos de seus semelhantes.

A própria vida nos reserva certos caminhos e direções, a nos guiar como misteriosa bússola, para onde estaria a própria morte. Realizamos alguns atos simples e sem maiores explicações, para, depois, descobrirmos um traço secreto comandando tudo.

Assim foi ao se escolher o local para o túmulo de Anna de Assis, no cemitério São João Batista, no Rio de Janeiro.

Dilermando de Assis se dispôs a assumir esta última dívida com a mulher. Escolheu para túmulo um local de difícil acesso. Os filhos reclamaram. Argumentaram que desejavam a sepultura da mãe em um ponto do cemitério aonde fosse fácil chegar, não naquele primeiramente escolhido, nos fundos do cemitério. O desejo de todos era visitar o local constantemente, cobrindo-o sempre com flores e o carinho da lembrança. Dilermando de Assis aquiesceu aos argumentos dos filhos e esperou que eles mesmos determinassem o local onde seria sepultada a mãe. Depois é que se descobriu a nova e trágica coincidência.

O cemitério São João Batista tem inúmeros caminhos e ruas, mas se fazendo um certo trajeto chega-se a uma bifurcação. Como em toda bifurcação, o seu pé é a ponta de um V. Seguindo-se por uma direção, chegava-se ao túmulo de Anna de Assis. Se se incorresse em engano, tomando-se outra direção, chegava-se ao túmulo de Euclides da Cunha e de seu filho Quidinho.

O cemitério São João Batista é enorme, ocupa vasta área encravada no bairro de Botafogo, e, até os restos mortais do escritor e de seu filho serem transferidos para São José do Rio Pardo, ali permaneceram como que para brincar com a perplexidade dos que descobriam a coincidência.

Quando se desfez essa nova trama do destino, efetuando-se a transferência do túmulo de Euclides da Cunha e de seu filho para São José do Rio Pardo, em 18 de agosto de 1982, tudo aconteceu com muita pompa e divulgação jornalística. Só que mais uma vez foi lembrada a tragédia que matou pai e filho, mencionando-se as causas de forma sucinta e equivocada. Citou-se o nome de Dilermando de Assis, escreveu-se que foi ele quem matou o escritor e o filho, mas se ignorou como os fatos verdadeiramente aconteceram, permanecendo mais uma vez a insinuação de que ocorreu nas duas ocasiões, um puro assassinato. E como que para reforçar o mito dos fatos e entronizar pai e filho como mártires, apenas os corpos de ambos foram transferidos para a cidade de São José do Rio Pardo, enquanto o do outro filho de Euclides da Cunha, Manoel Afonso, continua ignorado e esquecido em Cordeiro, na mesma sepultura da sogra. Já o de Solon, também em agosto de 1982, ninguém lembrou-se, como se o seu cadáver desaparecido nas selvas amazônicas significasse que o seu nome também devesse desaparecer.

41
Dilermando não faz a sua última revelação e morre com um segredo

Dilermando de Assis teria ficado satisfeito com aquele débil movimento de mão de Anna de Assis, o sinal da cruz, como o gesto do perdão?

Sem dúvida, um perdão, mas não tão consistente como seria talvez um abraço, ou um aperto de mãos, ou algumas palavras de amor.

Não. Dilermando não se sentiu perdoado. Ele ainda irá implorar perdão e viver dor atroz por faltas cometidas com aquela mulher a quem tanto amou, por quem foi amado, e junto de quem tanto sofreu.

O sinal da cruz não o aquietou. E se ele, naquela última visita a Anna de Assis, ainda disse – *S'Anninha, me perdoa* –, é porque desejava o perdão realmente procurado no encontro de 1950, o primeiro em que esteve a sós com a mulher, após vinte e cinco anos de separação. E se para escrever uma história de amor e tragédias necessitamos de alguns acasos, é preciso registrar que foi no mês de agosto a internação de Anna de Assis no Hospital Central do Exército, exatamente quarenta e um anos após *a tragédia da Piedade*. A outra coincidência, como já destacamos, é a sua morte na data de 12 de maio. Nesse dia, Dilermando de Assis encontrava-se em São Paulo. Avisado da morte da mulher, imediatamente deslocou-se para o Rio.

Quando ele entrou na capela do cemitério São João Batista, onde era velado o corpo de Anna de Assis, a primeira pessoa que ele divisou na multidão foi a filha Judith.

Ele apenas pronunciou as palavras – *é ela, é ela* – e desmaiou.

Ele confundiu a filha com a mãe ou viu a mãe na filha. Teve de ser retirado do local e se submeter a cuidados médicos.

Dilermando de Assis demorou algum tempo para compreender o que se passava com ele e não soube explicar o que lhe aconteceu ao penetrar na capela do velório.

Mas não saberia distinguir Judith da mãe em outra oportunidade.

No dia 12 de junho, exatamente um mês após a morte da mulher, Dilermando de Assis teve o primeiro de vários enfartes sucessivos. Todos os filhos se deslocaram para São Paulo e permaneceram junto ao pai até ele se recuperar. Mas a 12 de julho, dois meses após a morte da mulher, ele se viu vítima de outro enfarte. Novamente, os filhos seguiram para São Paulo. Esperaram sua melhora, regressaram ao Rio e só não tornaram a 12 de agosto porque, nesse dia, o pai apenas sofreu uma ameaça de novo enfarte.

Agora, a saúde do general estava mesmo abalada. Aquele homem que tinha um vigor invulgar finalmente tropeçava nas vicissitudes da vida. E carregando ainda no corpo duas balas desferidas por Euclides da Cunha em 1909 e outras duas por Euclides Filho em 1916. Enfim, o coração fraquejava.

E não seria tão somente por Anna de Assis?

Aquela coincidência de datas, determinando os repetidos enfartes do general, preocupava os filhos e os obrigava a constantes viagens do Rio para São Paulo. Apenas a filha Laura, por uma série de problemas, não ia a São Paulo com assiduidade. Da mesma forma, certas vezes, não viajava para lá o filho mais velho. Luiz tinha pânico das viagens aéreas e, em 1951, sair do Rio para São Paulo, por via terrestre, não era fácil.

A 12 de setembro, no entanto, todos correram para São Paulo. Dilermando de Assis teve um derrame cerebral. A notícia transmitida aos filhos foi de sua morte iminente.

Judith, trinta e cinco anos decorridos, e por toda a sua vida, jamais deixará de lembrar os acontecimentos de setembro de 1951.

– Desta vez, acreditávamos que papai morreria. Ele ficou muito mal mesmo. Recordo-me inclusive de que não saí de São Paulo no dia 14 de setembro, dia de meu aniversário. Meus filhos, meu marido, no Rio, não puderam me cumprimentar pela data. Todos nós, todos os filhos de Dilermando, estávamos ao seu lado, esperando sua possível morte. Mas o que ficou mais forte em minha lembrança foi a minha chegada ao quarto do hospital. Quando meu pai me viu, ele gritou: *É ela, é ela.* E repetia alucinadamente: *É ela, é ela.* Pois ele me achava muito parecida com mamãe. Eu não era, apenas os cabelos negros, a altura, o físico, a cor morena. Mas ele gritava, loucamente: *É ela, é S'Anninha. O beijo do perdão. Me dá o beijo do perdão.* Eu estava com os meus irmãos, João, Frederico e Luiz; estavam presentes dois enfermeiros, um médico. Então, eu falei: *Papai, sou eu Judith, sou eu, papai.* E ele respondeu: *Não. Não. É ela. Me dá o beijo do perdão. O beijo do perdão.* O meu pai estava numa agitação atroz, aquilo naturalmente provocaria a sua morte, ele se encontrava debilitado pelo derrame cerebral. Então o médico me aconselhou: *Deixa ele te beijar. Vamos acalmá-lo.* Eu fui, dei um beijo nele. Mas ele me segurou. E gritou: *Não. Não. É aquele beijo.* Eu consegui me desvencilhar e fugir. Eu tentava sair do quarto e os meus irmãos, o próprio médico, me seguravam e pediam para que aceitasse o beijo do meu pai. Voltei, chorando, aproximei-me da cama, do rosto dele. Então, o meu pai me deu um beijo na boca. Me deu um beijo de amor. Ele estava completamente alucinado. Depois do beijo, ele caiu na cama e disse: *Ela me perdoou.* E apontava para o alto, erguia os dois braços. *Ela me perdoou.*

"Vivi uma cena bárbara. Fiquei desesperada. Tive vontade de me jogar pela janela. Afinal, ele era o meu pai. Recebi dele um beijo de amor, de amante que pede o perdão pela última vez. Senti uma emoção tão forte que poderei viver mil anos e não esquecerei jamais. Foi dramático.

Dilermando de Assis conseguiu se recuperar desse derrame cerebral e jamais comentou a cena do beijo com a filha. Que também nada lhe indagou, nem mesmo sobre a obsessão pelo perdão da mulher.

No entanto, ele não revelou o seu último segredo. Em 1951, Judith não percebeu que a data 12 de todos os meses matava o pai lentamente.

– Após se recuperar do derrame cerebral, meu pai, por sucessivas vezes, telefonou para o Rio e me chamou a São Paulo.

Ele dizia que tinha uma coisa para me contar. Que era muito urgente. Eu ia, pegava o avião e ia. Chegava lá, perguntava: *Que é, papai?* Ele respondia: *Ah, nada. Eu queria ver este narizinho.* Eu reclamava que deixava os filhos no Rio, a minha filha Ana Maria, que na época estava com uns problemas nas pernas, muitas dores, deixava tudo para trás, locomovia-me com essas dificuldades, com muitas despesas, para São Paulo, para atendê-lo, e recebia aquelas respostas. Ele argumentava: *Amanhã você volta, vai embora. Eu queria apenas te ver.* E não dizia nada mais. Pois isso aconteceu sucessivas vezes.

Pelo dia 12 de outubro de 1951 o general Dilermando de Assis passou incólume. Ele estava muito mais preocupado com o breve casamento da filha Dirce, marcado para 20 daquele mês. E ele compareceu à cerimônia nupcial da filha caçula no Rio de Janeiro. O modo de caminhar, as marcas no rosto, a boca trêmula, a dificuldade para falar, tudo eram cicatrizes do derrame cerebral de setembro. E, além dessas marcas da doença, Judith notou outras:

– Meu pai estava muito triste. Sentia-se a sua amargura. O que se notava era que ele não estava aliviado com o perdão da mamãe e talvez ele não se recordasse da cena do beijo. Acredito que agiu inconscientemente. Foi um delírio. Nunca tive coragem de lhe contar o fato. Depois da estada dele aqui no Rio, estive com ele em São Paulo. Fui atendendo a mais um chamado dele. Ficou-se a impressão de que me chamava para me contar alguma coisa, eu ia, e ele não tinha coragem de me revelar o que queria. Tanto assim que, às vésperas do dia 12 de novembro, quando teve o último enfarte, novamente ligou-me e insistiu para que fosse a São Paulo. Desta vez recusei, fiquei firme. E agora me recordo de suas últimas palavras: *Venha, Judith, venha a São Paulo. Pelo amor de Deus, venha. Amanhã, pela manhã. Eu quero te contar uma coisa. Eu preciso falar com você.* Respondi: *Papai, eu não posso. Só para a semana. Eu não posso ir.* Ele ligou para o meu irmão Luiz e lhe pediu para me convencer, insistir para que fosse a São Paulo. Argumentei com Luiz: *Não posso, eu tenho ido a São Paulo, chego lá, o papai fica com essa brincadeira e não me diz nada. Eu não vou.* Era dia 10 ou 11 de novembro. A 12 ele teve novo enfarte, ficou inconsciente, morreu dia 13. Já pedi a Deus, já pedi que papai me surgisse em sonho, já imaginei tudo, mas não sei o que de fato meu pai desejava me revelar. Tenho certeza de que era algo com referência a minha mãe. É evidente. Pois lembre-se: ele teve o primeiro enfarte dia 12 de junho, um mês após o falecimento de mamãe, outro, dia 12 de julho, passou muito mal a 12 de agosto, teve um derrame cerebral a 12 de setembro e o último a 12 de novembro, falecendo no dia seguinte. Era a data que o atingia fortemente. Era a lembrança de minha mãe.

Se na morte de Anna de Assis os jornais cometeram enganos, na morte de Dilermando de Assis não ocorreria de forma diferente. Foi com destaque que a imprensa noticiou o falecimento do general. Na primeira página do *Diário da Noite* está a matéria a seguir:

A TRAGÉDIA DA PIEDADE

Faleceu o general Dilermando de Assis

O falecimento, em São Paulo, do general Dilermando de Assis encerra a última página de uma das mais dolorosas tragédias passionais de nosso tempo, aquela que ficou em nossa crônica criminal como "a tragédia da Piedade". Sem querer reviver aqui a apaixonada controvérsia determinada pelo assassínio de Euclides da Cunha, é forçoso reconhecer que a condenação pública que acompanhou, por toda a vida, o infeliz oficial, autor dessa morte e, em seguida, também da morte do filho de Euclides, quando esse procurava vingar o pai, constituiu o mais severo e expiatório castigo para o seu ato, por duas vezes absolvido nos tribunais. A circunstância

de ser a vítima um dos maiores escritores brasileiros, autor de uma das obras-primas de nossas letras, foi certamente a agravante terrível desse assassínio que, em qualquer outro caso, seria generosamente esquecido, como os anais criminais sempre nos mostraram. O crime da Piedade criou desde logo uma mentalidade de implacável condenação ao seu autor, agravada ainda tal condenação pelas lutas políticas contemporâneas, com a popularidade do civilismo contra o militarismo, dado o fato de ser o criminoso um oficial do Exército. Dilermando de Assis passou toda a sua vida a procurar redimir-se da culpa, sem que o conseguisse, tão profundamente se enraizara no espírito público a sua condenação, acentuada pelos que não lhe poderiam perdoar o crime de ter abatido um grande escritor, sem que coubesse, nesse tremendo e incansável libelo, a mínima isenção, o reconhecimento da menor atenuante. Ainda há pouco, talvez sentindo a aproximação dos últimos dias, Dilermando de Assis publicou, sob o título "A tragédia da Piedade", o relato sereno do brutal acontecimento e fez a defesa de seus atos, escrevendo para a posteridade, já sem esperança de conquistar, de seus contemporâneos, qualquer perdão. Sua morte vem reviver, com o desaparecimento do último e mais infeliz personagem dessa tragédia, onde o castigo, tanto ou mais do que o crime, atinge as proporções esquilianas, uma das páginas mais tristes da história criminal do Brasil.

A notícia completa na segunda página relembra a *tragédia da Piedade*, os feitos do general, como neste trecho:

Dilermando de Assis morre aos sessenta e três anos de idade, deixando o seu nome ligado a várias obras realizadas para o Exército, pois era ele engenheiro militar competentíssimo. Oficial da arma de cavalaria, possuía diversos cursos regulamentares e exerceu o cargo de secretário de Viação e Obras Públicas do Estado de São Paulo, pouco tempo depois da Revolução de 1932, tendo sido organizador do "Plano

Rodoviário" daquele Estado, durante sua gestão naquela Secretaria. Em 1930, quando da explosão do movimento revolucionário que culminou com a vitória de 24 de outubro, teve Dilermando de Assis atuação destacada nessa capital, à cuja guarnição pertencia, exercendo alta função militar do dia da revolução e nos instantes subsequentes à vitória.

A extensa reportagem reproduz o passado, conta sobre a morte do escritor Euclides da Cunha e seu filho, encerrando-se com um último comentário no qual se comete mais uma vez o engano de se considerar o jovem cadete amigo do escritor.

E O PANO CAIU

A tragédia da Piedade continuaria em cena enquanto alguns de seus personagens estivessem atuando. Euclides pai e filho saíram do palco no primeiro e segundo ato. Quarenta e dois anos depois Anna Solon foi chamada pela morte. Era o terceiro ato. Cai agora o pano, com a saída do palco da vida de Dilermando de Assis. De nada vale revolver razões, explicações, juízos sobre essa dolorosa tragédia, que tão fundo feriu e abalou a sociedade. Agora, todos os seus personagens estão diante do Juízo Supremo, que pesará sem dúvida seus méritos e suas culpas, para a sentença que não fala nunca. As paixões humanas engendram, sempre, outras tantas paixões. Se o ato do tenente Dilermando, conspurcando o nome e o lar de seu amigo, pode ser objeto de condenação, ninguém poderá condená-lo por haver morto para salvar a sua vida. O pano cai sobre o palco ensanguentado, onde os fantasmas dos mortos se agitavam entre os vivos. Quatro pessoas tiveram o seu destino marcado. E, quando a deusa Fortuna marca uma vida, para a felicidade ou para a desgraça, não é possível fugir-se aos seus azares.

É uma matéria não assinada, medíocre quando assinala nas entrelinhas que Dilermando seria sim um culpado. No equívoco em registrar que o tenente conspurcou o lar do amigo, está a pista para o libelo acusatório. E, ainda mais, faz a crônica de um acontecimento trágico como se encerrasse com a morte de um último personagem, esquecendo-se de todos os filhos e geração nascidos fruto do amor de Anna e Dilermando de Assis.

42
Dilermando e Anna viveram um grande amor

Judith Ribeiro de Assis levou alguns anos para convencer os irmãos que um livro deveria ser publicado para reforçar a sua convicção de que pai e mãe, Dilermando e Anna, viveram uma grande história de amor.

– Apesar de mamãe não ceder aos rogos de perdão de meu pai, o que aconteceu apenas no fim de sua vida, eu tenho certeza de que ela jamais deixou de amá-lo. Ou de que jamais a vida daquele homem lhe foi indiferente. Recordo-me de que por ocasião do primeiro enfarte de meu pai, ocorrido quando ele ainda residia no Rio, no bairro de Fátima, a reação de minha mãe, face à gravidade da doença, foi de muita preocupação. Obrigou os filhos a visitarem o pai, e eu levei este recado: *Se ele precisar de enfermeira, diga a ele que ele tem*. Por isso, posso afirmar: mamãe tinha paixão por meu pai. Mas também tinha mágoa. Ela morreu apaixonada pelo papai. Me disse isso muitas vezes. Em inúmeras oportunidades ela reafirmou que ainda era apaixonada pelo papai. E que ela só conheceu um amor na vida dela. Que foi o papai. Ela afirmava: *Só se ama uma vez*. E o meu pai foi o único amor da vida dela. Mas por ser uma mulher temperamental, depois ela dizia: *Hoje, este amor se transformou em ódio*. Ela não o perdoava por tê-la preterido. Apesar de ele ter pedido perdão a vida toda, até os últimos momentos de vida, mesmo depois dela morta, chegando a me confundir com minha mãe. Eu pergunto se essa atitude de minha mãe não estava certa. Afinal, por esse homem, ela resistiu a tudo. Nunca vi uma paixão igual. Veja o que ela sofreu por ele, as amarguras, as injustiças, a vida do filho que ela perdeu, pois vamos pensar como é viver com um homem sabendo que ele matou o seu filho, embora em legítima defesa, mas, de qualquer maneira, era o seu filho. Só com muito amor. Com muito amor mesmo.

"E se tanto amor existiu entre meu pai e minha mãe, por que essa condenação da sociedade? Veja que eu e meus irmãos crescemos com aquele estigma, são os filhos de Anna e Dilermando. Quando voltamos da Ilha de Paquetá, já quase todos moços, sofremos muita discriminação. Éramos olhados como filhos de um assassino e de uma mulher infiel, traidora. Filhos de uma mulher vaidosa, doidivanas. Veja o que a revista *A Semana* publicou após a morte dela. Por que persistia essa imagem de Anna de Assis?! E tudo mentira. Levamos uma vida de sacrifícios, fomos criados e educados por Anna de Assis, que se mostrou uma supermãe. Somos testemunhas de sua vida à beira do fogão, de luta e abnegação pelos filhos. Só nos deu amor e carinho. De outro lado, da parte da sociedade, o que recebíamos: discriminação. Quantas vezes, lá mesmo na Ilha de Paquetá, quando eu me aproximava de um grupo de meninas, pedindo para brincar também, elas se afastavam e diziam: *não, mamãe não deixa. Você é filha de assassino*. E os meus irmãos recebiam o mesmo tratamento. Cresceram como vítimas da perseguição atroz contra Anna e Dilermando. No entanto, mamãe nos educou para superar tudo isso. Fez de seus filhos uma família normal. Todos se casaram, constituíram família, existem os descendentes de Anna de Assis. São cinco filhos, netos, bisnetos e tataranetos. Hoje, podemos avaliar: quão admirável foi essa mulher. Seriam apenas palavras de uma filha? Ora, basta lembrar as inúmeras amizades de minha mãe. Quantas pessoas, homens, mulheres, moços, que procuravam a minha mãe para conversar. Ela era uma mulher muito culta. Lia muito, falava fluentemente inglês, espanhol, italiano e francês. E tinha uma personalidade que atraía a atenção de todos. No dia de seu falecimento, quando o seu corpo deixou o Hospital Central do Exército, tal era a quantidade de acompanhantes, carros e mais carros, que os transeuntes paravam e indagavam que personalidade importante havia morrido aquele dia. Nada. Era apenas Anna de Assis, e aquela era uma multidão de amigos, de admiradores. Esses são os fatos. E por isso faço questão de registrar tudo. Avaliem. Analisem tudo que foi narrado em *Anna de Assis: História de um trágico amor* e respondam: é possível condenar essa mulher? Não quero mais calúnias sobre minha mãe. Quero que a respeitem. Respeitem os seus sentimentos. Ela abandonou Euclides da Cunha por amor. Por amor a Dilermando de Assis. O escândalo todo será por que ela tinha quase trinta anos e ele apenas dezessete? Mas eles se apaixonaram. Leiam as cartas em que ele a trata sempre de *esposinha*, de *adorada*.

"Vamos analisar as suas cartas e raciocinar se os seus termos não são de alguém muito apaixonado. E o meu pai, que se apaixonou um dia por outra mulher, merece também a nossa compreensão. Veja, nós temos a mais respeitosa e terna amizade por nossa irmã Dirce, com quem convivemos, tanto quanto possível, já que há anos ela reside no exterior. Ela é nossa irmã, tanto quanto foi Afonsinho, a quem sempre amamos e respeitamos. Dirce frequenta minha casa, a casa de meus irmãos, convivemos com amizade, paz e amor. Falamos de nosso pai, com respeito e saudade. Os meus filhos, cordialmente, se dão com os filhos de Dirce. Procuramos não remover o passado para comentar e julgar atitudes de nosso pai, evitando assim criar barreiras em nossa convivência. Inúmeras vezes comentei com minha irmã Dirce que desejava um livro contando a vida de amor de minha mãe por meu pai. Da parte dela, só recebi palavras de incentivo. Veja, então, como tudo agora é diferente. Ou melhor, a nossa união é a mesma que existiu com Afonsinho. Creio que as cartas deste meu irmão, neste livro transcritas, provam nossa amizade. Diante de tudo isso, só posso lamentar a loucura feita por Quidinho. Por que ele tentou matar o meu pai? Para quê? Ele não pensou em sua mãe. Ele ignorou a sua mãe. E ela estava de resguardo de Frederico, ela estava feliz com o nascimento de mais um filho gerado pelo seu amor por Dilermando. Teve, assim, minha mãe de suportar essa nova tragédia em sua vida. E conseguiu isso graças à sua personalidade forte, incomum. E graças também à sua fé religiosa. Mamãe era muito católica. Sempre foi. Sua religiosidade e sua alegria inatas de viver ajudaram-na a sobreviver aos momentos trágicos da vida. Mamãe cantava muito bem. Às vezes, passava o dia cantando ópera. Ela foi soprano absoluto. Lembro-me bem, na Ilha de Paquetá, dos dias alegres de minha mãe. Quando perguntávamos *que alegria é essa?*, ela respondia que *quem canta seus males espanta.* Curioso é como ela fugia das tristezas. Minha mãe nunca foi a um enterro. Nunca. E também jamais ouvi qualquer lamúria da parte dela. Nunca se queixou da vida. Pelo contrário, procurava afastar dos filhos as tristezas e tudo fazia para a nossa felicidade. Se ela tudo fez pelos filhos, pensei, minha obrigação seria publicar um livro contando tudo sobre Anna de Assis. Sonhei durante cerca de trinta anos com este livro, que mostraria a verdadeira face da mulher Anna de Assis. Meus irmãos, que antes se posicionaram contrários à ideia, afinal me apoiaram. Agora, aplaudem minha iniciativa. Enfim, é o desejo de todos nós, um basta para as insinuações, as injúrias, principalmente dos famosos euclidianos. Que admirem o escritor, a sua obra, mas respeitem a minha mãe.

A tragédia maior da vida de Anna de Assis foi conhecer Euclides da Cunha. Isso depois de escapar do mar e da morte, ainda menina.

Em sua primeira viagem do Rio Grande do Sul para o Rio de Janeiro, quando o então major Solon Ribeiro se transferia para a Corte, o navio em que viajavam, na costa do estado do Paraná, se viu em meio a tempestade tão violenta que o capitão de bordo se julgou perdido e comunicou aos passageiros e aos tripulantes que se preparassem para se lançar ao mar.

Os botes seriam frágeis e inúteis, se esfacelariam com o bater da primeira onda turbulenta. Foram distribuídos salva-vidas, minúsculas boias que de nada adiantariam naquele mar bravio. Dona Túlia se abraçou aos dois filhos, despediu-se das crianças e pediu ao marido que amarrasse à menina Anna Emília, além da boia, uma imagem de Nossa Senhora da Conceição.

O major Solon apanhou uma tábua, colocou-a no peito da menina, deitou ali a estátua da santa e teceu com fina corda uma teia que juntou e prendeu a imagem ao corpo de S'Anninha.

Os gritos alucinados de homens e de mulheres se ouviam nos intervalos dos trovões e estrondos de ondas gigantescas. O navio jogava, incontrolável, resistindo e ameaçando soçobrar.

Enquanto todos corriam e ensandecidos imploravam misericórdias aos céus, dona Túlia, o major Solon e o filho Albino se ajoelharam em frente à menina S'Anninha e rezaram à Nossa Senhora da Conceição, cuja imagem se colava ao peito da menina e deveria acompanhá-la ao mar, se possível, protegendo-a e salvando-a.

Outros passageiros presenciaram a cena e, aturdidos, ajoelharam-se, rezaram e clamaram por salvação, rogando pelo fim da tormenta. Também os tripulantes julgaram que aquele seria o último recurso para evitar o desastre e a submersão do barco. Abandonaram os seus postos e vieram rezar.

Diante da menina S'Anninha, todos ajoelharam e rezaram. Ela jamais se esqueceria dessa cena.

A tempestade se afastou do navio em questão de minutos e logo a embarcação singrava águas tranquilas, no seu rumo certo e rota estabelecida: o porto do Rio de Janeiro.

A imagem de Nossa Senhora da Conceição, dessa data em diante, nunca abandonou S'Anninha. Esteve em todas as suas casas, sempre iluminada e venerada com respeito e devoção. Um dia, seu filho Luiz lhe fez um nicho e deu-lhe de presente para abrigar a pequena estatueta. Por onde foi e passou, Anna de Assis carregou sua santa, transferida à filha Judith Ribeiro de Assis como herança e mensagem de fé religiosa.

43
Anna de Assis escreveu todas as frases de sua história

Uma vida não acaba quando se morre.

Baseando-se nessa afirmativa, inúmeras vezes repetida, Anna de Assis passou toda a vida transmitindo aos filhos um sentido para a existência que se determina com honradez e dignidade.

Ela poderia se desfazer de todos os equívocos surgidos em seu passado simplesmente mostrando tudo o que deixou por escrito, revelando inclusive os difíceis momentos de vida ao lado do temperamental Euclides da Cunha.

No entanto, ela apenas declarou:

Eu não tenho que me defender.
Eu não tenho do que me defender.

Ao entregar a seu filho caçula, Frederico, um baú de cartas e manuscritos, o esboço de seu livro de memórias, ela sabia que ali estava tudo o que não só uma imprensa curiosa desejava, mas a verdade que os mistérios do amor guardam como impenetráveis segredos.

Espero que me esqueçam, que deixem a minha memória em paz.
Após a minha morte, queime tudo que escrevi.

Frederico sequer desdobrou alguns daqueles manuscritos. No fundo do quintal da casa 19 da rua dos Oitis, uma pequena fogueira desmanchou anos de frases e revelações. Afinal, um dia ela disse em entrevista:

Eu é que posso escrever sobre Euclides. Vivemos juntos. Dormimos no mesmo quarto.

Foi ela também que afirmou:

Duvido que alguém tenha por ele maior admiração do que a minha. Mas o escritor era diferente do homem.

Anna de Assis bem disse que nunca esteve apaixonada pelo homem com quem se casou pela primeira vez. Ela tinha apenas quinze anos, aceitou o compromisso porque no final do século XIX as mocinhas se casavam por imposições paternas. Ela cresceu, tornou-se mulher, foi Anna Emília, S'Anninha, Anna da Cunha e, na velhice, Anna de Assis, dizendo:

Mas vivo feliz no meu ostracismo social. Completamente feliz! Minhas filhas casaram-se bem. Também são felizes.

E meus netos me adoram. Passo os dias sozinha, lendo, escrevendo, ouvindo rádio. Pode haver maior ventura na velhice de uma mulher condenada, na juventude, a viver eternamente infeliz?

Ela conquistou o direito de dizer *vivo feliz*. Sobreviveu ao vulcão da fatalidade, sobrepôs-se aos desígnios dos deuses.

Não me queixo dos outros, nem odeio a ninguém. Como acontece nas tragédias gregas, a culpa entre nós também cabe aos deuses. Compreendi logo que tínhamos sido vítimas da Fatalidade. Por isso me recusei em atender a um amigo de Euclides que me pediu que acusasse Dilermando. Não acusei, nem acuso ninguém.

Euclides da Cunha escreveu *Os sertões* na Fazenda Trindade, em São Carlos do Pinhal. Com essa revelação, Anna de Assis desfaz completamente o mito de que a obra-prima literária tenha sido escrita numa rústica cabana em São José do Rio Pardo. Aos filhos, sempre confirmou essa versão. Enquanto ele construía uma ponte na cidade, efetuou correções em sua obra literária. Na verdade, Anna prometeu:

Nas minhas memórias destruirei as fantasias dos cronistas de Euclides.

Frederico foi leal à mãe. Deixou tudo se queimar, e ele também acreditou que Anna de Assis seria esquecida pelos cronistas da fantasia. Criem balelas e aventuras para o escritor, deixem sossegada a memória de Anna de Assis. Se o fogo desmanchou anos de frases e revelações, restaram aos filhos, principalmente à Judith, algumas palavras com que se consegue recompor a vida e o amor de Anna de Assis.

E Judith relembra perfeitamente os momentos de fugaz felicidade da mãe, já muito idosa, confirmando:

> **Só se ama uma vez na vida.**

E arrematava: a grande paixão de sua vida foi Dilermando de Assis.

Quando surgiam comentários nas revistas e nos jornais, calúnias, mentiras, acusações, os filhos solicitavam à mãe que se insurgisse contra tudo. Ela apenas respondia:

> **O meu silêncio é a minha defesa.**

Novamente, um artigo, um livro sobre Euclides da Cunha, sobre a morte do escritor, a *tragédia da Piedade* e toda uma vida passada. Ela reafirmando:

> **Eu não errei. Eu amei.**

Nunca ninguém percebeu que, aos quatorze anos de idade, a menina Anna Emília participou das reuniões em que se tramou a Proclamação da República do Brasil e que, nessas ocasiões, não só se dissertou sobre os rumos do país, como também sobre a filosofia positivista. Benjamin Constant, Quintino Bocaiuva, Aristides Lobo, José do Patrocínio, Rui Barbosa e, inclusive, seu pai, marechal Solon Ribeiro, não só discutiram a queda do Império, como também os novos caminhos do mundo, estabelecendo que no Brasil deveriam prevalecer diferentes costumes, novas normas sociais. Eles falaram em erigir outros valores para a sociedade brasileira. Pensaram sobretudo em revolucionar o país, por meio dos enunciados de inéditas filosofias.

Foi ouvindo aqueles doutos e sábios senhores que a menina Anna Emília aprendeu que, se os homens governam os destinos da história, deveriam saber também determinar a direção de uma vida. E se o coração masculino apenas se preocupa com a liberdade e a independência, o da mulher também se dedica ao amor. Ela pode ser romântica, jamais débil, impulsiva sim, porém sempre inteligente, audaz. E revolucionária quando e onde preciso for.

A mulher Anna Emília recordaria os ensinamentos filosóficos daquelas figuras históricas e trataria de colocar em prática, em benefício de sua vida e sua paixão pelo jovem cadete Dilermando de Assis, as ideias de um raciocínio que pregava libertação. A sua renúncia ao casamento oficial, a sua atitude de mulher independente e apaixonada, no entanto, seriam injustificáveis para os padrões da sociedade brasileira do princípio do século XX. E lamentavelmente a moral canhestra se arrastaria pelos anos afora, perseguindo uma mulher que foi incomum, digna de admiração e respeito. Ela nunca errou, pois aqueles que nascem fora de sua época e são revolucionários não cometem faltas. Ao contrário, iluminam os séculos e fazem os novos trajetos da história. Principalmente, quando amam.

A sua determinação de mulher surgiria novamente no dia em que renunciou ao segundo casamento.

> **Você é o único homem que não tinha o direito de prevaricar.**

Mas ela jamais esqueceu o grande amor de sua vida. Quando pediu ao filho Frederico que queimasse tudo que havia escrito a respeito de Euclides da Cunha, sobre os seus primeiros anos de vida conjugal, sobre os seus desencontros com o escritor, sobre os anos de aflição no princípio do século, tudo culminando com o trágico 15 de agosto, ao mesmo tempo ela passou à filha Judith as cartas e os bilhetes de Dilermando, pedindo-lhe que os guardasse.

> **Minha filha, esta é a herança de um amor.**

Herança são as recordações. E todos os filhos de Anna de Assis lembram sua mais terna afirmação.

> Sou a mulher mais feliz do mundo. Tenho cinco filhos que me adoram.

Tudo de bom os cinco filhos de Anna de Assis arquivaram como lembrança da mãe.

Na casa de cada um, sempre existiram paredes que se enfeitavam com fotos da mãe – a mesma que foi Anna Emília, a mais bela da Corte, a mais bonita menina que frequentou os salões do Império e depois saudou a Primeira República.

Cartas, bilhetes, cartões-postais, outras inúmeras frases bonitas, singelas, de mãe para filho, se espalharam pelas casas de Luiz, João, Laura, Judith e Frederico.

Foi separada uma carta que ela enviou ao filho Luiz, quando ele trabalhava na Marinha Mercante e viajava por mares distantes.

E nessa carta, entre tantas frases da mãe, os filhos reunidos escolheram a que melhor servisse para realçar a mulher Anna de Assis, a que falasse de suas saudades por um filho ausente, a única dor que não sabia suportar.

Essa frase os filhos escreveram em mármore na sepultura de Anna de Assis:

FELIZ DO HOMEM QUE TEM POR BÚSSOLA
AS LÁGRIMAS DE UMA MÃE

ATENDIMENTO AO LEITOR E VENDAS DIRETAS

Você pode adquirir os títulos da BestBolso através do Marketing Direto do Grupo Editorial Record.

- Telefone: (21) 2585-2002
  (de segunda a sexta-feira, das 8h30 às 18h)
- E-mail: mdireto@record.com.br
- Fax: (21) 2585-2010

Entre em contato conosco caso tenha alguma dúvida, precise de informações ou queira se cadastrar para receber nossos informativos de lançamentos e promoções.

Nossos sites:
www.edicoesbestbolso.com.br
www.record.com.br

EDIÇÕES BESTBOLSO

Alguns títulos publicados

1. *Caetés*, Graciliano Ramos
2. *Riacho doce*, José Lins do Rego
3. *Nova reunião* (3 volumes), Carlos Drummond de Andrade
4. *O Lobo da Estepe*, Hermann Hesse
5. *O jogo das contas de vidro*, Hermann Hesse
6. *O pianista*, Władisław Szpilman
7. *O império do Sol*, J. G. Ballard
8. *A lista de Schindler*, Thomas Keneally
9. *50 crônicas escolhidas*, Rubem Braga
10. *35 noites de paixão*, Dalton Trevisan
11. *Essa terra*, Antônio Torres
12. *O dia em que matei meu pai*, Mario Sabino
13. *Getúlio*, Juremir Machado da Silva
14. *Jovens polacas*, Esther Largman
15. *Os delírios de consumo de Becky Bloom*, Sophie Kinsella
16. *O diário de Bridget Jones*, Helen Fielding
17. *Sex and the city*, Candace Bushnell
18. *Melancia*, Marian Keyes
19. *O pêndulo de Foucault*, Umberto Eco
20. *Bandolino*, Umberto Eco
21. *A bicicleta azul*, Régine Deforges
22. *Lendo Lolita em Teerã*, Azar Nafisi
23. *Uma mente brilhante*, Sylvia Nasar
24. *As seis mulheres de Henrique VIII*, Antonia Fraser
25. *Toda mulher é meio Leila Diniz*, Mirian Goldenberg
26. *A outra*, Mirian Goldenberg
27. *O livreiro de Cabul*, Åsne Seierstad
28. *Paula*, Isabel Allende
29. *Por amor à Índia*, Catherine Clément
30. *A valsa inacabada*, Catherine Clément

EDIÇÕES
BestBolso

Este livro foi composto na tipologia Minion, em corpo 10,5/13, e impresso em papel off-set 63g/m² no Sistema Cameron da Divisão Gráfica da Distribuidora Record.